グロービスMBAキーワード

|図解|

基本
ビジネス
思考法45

グロービス=著
嶋田 毅=執筆

ダイヤモンド社

はじめに

 本書は、ダイヤモンド社より発売され好評を得た、
『グロービスMBAキーワード　図解 基本フレームワーク50』
『グロービスMBAキーワード　図解 ビジネスの基礎知識50』
『グロービスMBAキーワード　図解 基本ビジネス分析ツール50』
に続くミニシリーズの第4弾です。
 経営大学院（ビジネススクール）やコンサルティングファームで教えられている思考法、あるいはビジネスシーンで多く用いられていたり、書籍や各種セミナーなどでよく紹介されている思考法の中から、一般のビジネスパーソンにとっても有用と考えられるものを45個ピックアップし解説しました。

 ビジネスパーソンなら誰しも「考える」という行為に多く時間を使っていることでしょう。必然的に、何らかの「考える型」というものを持っているはずです。ただし、多くの場合それは自己流であり、過去の経験に基づくものであることが普通です。もちろん、過去の経験から学ぶこと自体は評価されるものですが、自己流では効率性を上げる上でも限界があります。また、ちょっと知っておくだけで生産性が上がる思考法を知らないというのも極めてもったいない話です。

 そうしたこともあってか、この20年くらいにわたって、思考法に関する関心が非常に高まりました。特にロジカル・シンキングやクリティカル・シンキングといった、コンサルティングファームなどで新人が最初に叩き込まれる思考法は高い注目を集めました。「ロジカル」あるいは「シンキング」と銘打った書籍がいまだに売れる傾向があるというのも、それだけ多くの人々が思考法について知

りたいと考えている、そして同時に、そうした考え方を苦手としていることの証左かもしれません。

　ただし、思考法はそうした論理思考系のものだけにとどまりません。クリエイティビティを発露するための思考法もあれば、人間力を高めるための思考法、自己啓発関連の思考法など、非常に多岐にわたります。

　本書では、こうした状況に鑑み、先人が提唱し、磨きをかけてきた思考法についてリストアップし、網羅的に紹介することとしました。中には包含関係にあるものもあるなど、ややレイヤー感や粒度にバラつきもありますが、思考法というテーマゆえの部分が大ですのでご容赦いただければと思います。
　すべての思考法を一気にマスターすることは非常に難しいでしょうが、「なるほど、このような考え方があるのか」ということを知っていただくだけでも、自分の思考の型を見直す良いチャンスになるでしょう。さらには、状況や必要性に応じてそれを学び使っていただければ、ビジネスパーソンとしての生産性は大きく向上するはずです。

　注意が必要なのは、こうした考え方は、付け焼刃で急にものになるものではないということです。一度使ってみて「難しい」と諦めるのではなく、ぜひ反省や振り返りもしながら、どうすればもっとそれらの思考法を有効に活用できるのかを考え続けることこそが、結局はある思考法をマスターする近道となります。
　また、さまざまな思考法には当然それが機能する前提や、例外が存在します。それもぜひ理解したうえで学習いただければと思います。

本書の構成

　本書の構成は、過去のシリーズ本同様、なるべく連関性が強いものを近くに配するという体裁をとりました。

　ただし、思考法というテーマゆえ、必ずしもMBAの科目、たとえばマーケティングやアカウンティングなどとすべてがダイレクトには紐づいていない点はご理解ください。

　具体的な章立ては以下のようになります。

1章　クリティカル・シンキング基礎編
2章　問題発見編
3章　問題解決編
4章　クリエーション編
5章　ビジネス実務編
6章　哲学・歴史編
7章　自己啓発編

　この目次からも分かるように、過去の本シリーズの書籍と大きく違うもう1つの点は、6章、7章のような、人間力を高めたり、キャリアデザインと関連するような項目についても取り上げた点です。これらは実務ですぐに結果を出すという類の思考法ではありませんが、長い目で見た時にビジネスパーソンの人生に大きな影響を与えるはずです。こうした多彩な内容を扱っている点も本書の大きな特徴です。

　各思考法の説明は、原則、見開き4ページとし、必ず図表を2つ（見開き2ページに1つずつ）つけることにしました。各ビジネス思考法の1つ目の図表はビジネス思考法そのものの紹介、2つ目の図表は関連するコンセプトや実例などを紹介しています。ただし、

4ページで語りきることが難しい思考法については、見開き6ページとし、3つの図表を載せています。その意味で多少の濃淡はありますが、基本的に読みやすさを追求しています。

また、それぞれの思考法紹介の冒頭に、過去のシリーズ本同様、簡単な定義を載せた上で、「習得必須度」「有効性」「応用性」「理解容易度」「実践容易度」のレーティング（5点満点）を図示しました。それぞれの意味合いは以下です。

習得必須度：ビジネスリーダーなら知っておくべき度合い。一部の人間だけが知っていればいいというものではないという意味合いを含みます

有効性：その思考法が実務でどのくらい役に立つか

応用性：ある特定の場面だけではなく、いろいろな場面に使える度合い

理解容易度：思考法そのものの理解のしやすさ。一般のビジネスパーソンがすぐに分かるか、あるいは、他人にうまく説明できるか、といった意味合いです

実践容易度：その思考法をマスターしたり、適切に使いこなすことがどのくらい容易かということです

レーティングは筆者のビジネス経験による実感値から行っています。あくまで筆者の主観である点はご理解ください。

本文は、これも他のシリーズ本同様、まずは「活用すべき場面」や「考え方」を紹介しています。その上で、事例を紹介することで理解を深めていただき、最後に留意点やコツを紹介するという構成になっています。

本書は、一度整理し、書籍化してみたいテーマの1つでした。

先にもご紹介したように思考や思考法に対する関心が高まっていると同時に、意外とそれを網羅して説明した書籍はなかったからです。その意味で、今回、本書を世に問うことができることは、個人的に大きな喜びです。

最後になりますが、本書を執筆する機会を与えていただくとともに有益なアドバイスをいただいたダイヤモンド社第一編集部の山下覚氏に感謝申し上げます。また、有益なアドバイスをいただいた同僚諸氏に感謝したいと思います。

グロービス出版局長、グロービス経営大学院教授

嶋田 毅

目次

はじめに　　1

1章 クリティカル・シンキング基礎編 　11

1章で学ぶこと	12
No.1 論理思考	14
No.2 批判的思考	20
No.3 メタ思考	24
No.4 演繹的思考	28
No.5 帰納的思考	32
No.6 科学的思考	36
No.7 確率思考	42
No.8 統計思考	46
No.9 フェルミ推定	52

2章 問題発見編 　57

2章で学ぶこと	58
No.10 仮説思考	60
No.11 「Why」思考	66
No.12 論点思考	70
No.13 フレームワーク思考	74

No.14	本質思考	80
No.15	複眼思考	84
No.16	俯瞰思考	88
No.17	システム思考	92

3章 問題解決編

3章で学ぶこと …… 100
- *No.18* AND思考 …… 102
- *No.19* アナロジー思考 …… 106
- *No.20* 全体思考 …… 110

4章 クリエーション編

4章で学ぶこと …… 116
- *No.21* クリエイティブ・シンキング …… 118
- *No.22* 水平思考 …… 124
- *No.23* ゼロベース思考 …… 128
- *No.24* IF思考 …… 132
- *No.25* プロヴォカティブ・シンキング …… 136
- *No.26* ずらし思考 …… 140
- *No.27* ビジョナリー思考 …… 144
- *No.28* マインドマップ …… 148
- *No.29* デザイン思考 …… 152

5章 ビジネス実務編 ... 157

5章で学ぶこと ... 158
- *No.30* 戦略的思考 ... 160
- *No.31* タイムマシン思考 ... 166
- *No.32* 逆算思考 ... 170
- *No.33* ニーズ思考 ... 174
- *No.34* シーズ思考 ... 178
- *No.35* ビジネスモデル思考 ... 182
- *No.36* 利益思考 ... 188
- *No.37* チーム思考 ... 192
- *No.38* Not knowing 思考 ... 196

6章 哲学・歴史編 ... 201

6章で学ぶこと ... 202
- *No.39* 哲学的思考 ... 204
- *No.40* 歴史的思考 ... 208
- *No.41* 弁証法 ... 214
- *No.42* 思考実験 ... 218

7章 自己啓発編 ... 223

7章で学ぶこと ... 224
No.43 ポジティブ・シンキング／ネガティブ・シンキング ... 226
No.44 7つの習慣 ... 230
No.45 ストーリー思考 ... 234

おわりに 239

1章

クリティカル・シンキング基礎編

1章で学ぶこと

　本章では、広義のクリティカル・シンキング、すなわち、論理的な考え方、合理的な考え方にも通ずる、「正しく考えるための思考法」をご紹介します。

　これらは効果的な問題解決やコミュニケーションの土台であり、また、グローバル化が進みダイバーシティが増す中で相互理解をする上での基本となる思考法です。また、ビジネスとも大きく連関する科学（自然科学だけではなく、社会科学も含む）の発展や応用にも関連しています。

　これらの理解なくしてビジネスの生産性を上げることはできないといっても過言ではありません。その意味でもしっかり理解し、身につけたい思考法と言えるでしょう。

　まず**論理思考**ですが、これは広義のクリティカル・シンキングの大部分を占める思考です。筋道を通すことで説得力を増したり、合理性、さらには効率を高める上でもベースとなる思考です。本章の総論的な意味合いも持ちます。**批判的思考**は狭義のクリティカル・シンキングとも言えます（「クリティカル」は元々「批判的」「懐疑的」の意味）。健全な批判精神を持つことでより正しい結論を導き出す思考法とも言えます。

　メタ思考は高度な客観思考ということもできます。冷静に自分自身を眺めたり、より高次の視点から考えることで、短絡的な思考を防ぐことができます。

　演繹的思考と**帰納的思考**は古代ギリシャ時代から磨かれてきた形式論理学の基本中の基本です。これらは論理思考のベースともなるものであり、また実際にビジネスシーンでもよく用いられる

ことから、しっかりマスターすることが望まれます。

科学的思考は、まさに科学の考え方です。ビジネスも経営学という社会科学の一部門である以上、その考え方は理解しておきたいものです。また、いわゆる文系の人間にとっては、科学者や技術者の思考を理解する上でも理解しておきたい考え方と言えるでしょう。

確率思考、統計思考は昨今、ビジネスでも非常に注目を浴びるようになってきた思考法です。不確実性が増す現代において確率の考え方は非常に大事です。また、統計の基本を知らないと、すぐに他人に騙されたり、間違った意思決定をしてしまうことにもつながってしまいます。またこれらはMBA科目の中でもやや苦手意識を持つ人が多いファイナンスの基礎にもなります。大学院で学ぶようなレベルまで習得するのは難しいまでも、そのエッセンスは知っておきたいものです。

フェルミ推定は他の思考法とは異なり、より実務的なテクニックとも言えるものですが、知っておくとビジネスを推進する上でのヒントを手っ取り早く得られる、非常に有効な考え方です。

本章で学ぶ思考法は、まさに「The 思考法」とも言えるものばかりです。ここをおろそかにしては、他の思考法も活きてきません。多少理屈っぽい部分ではありますが、しっかり理解するようにしてください。

1 論理思考

筋道だった合理的な思考様式やその方法論。行動的直観思考と対比される。いくつかの要素技術により成り立っている。

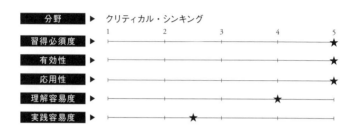

基礎を学ぶ

活用すべき場面
- ビジネスシーン全般
- 皆にとって納得感があり、実効性を伴う意思決定やコミュニケーションを行う
- 効率的に問題解決を行う

考え方

　論理思考(もしくは論理的思考)は英語ではロジカル・シンキングと呼ばれ、1990年代以降、ビジネスパーソンにとって最も重要なスキルの代表とされてきました。

　論理思考が実現できれば、意思決定やコミュニケーション、問題解決といったビジネス上重要な営みが非常に効率的・効果的なものになります。

　論理思考の定義や要件にはさまざまなものがありますが、本書では図表1-1の要件を特に重視します。これらに致命的な弱点がな

論理思考 No.1

図表1-1 論理思考の構成要素

①筋道が通っていること（論理展開が正しく行われていること）
②言葉の定義を正しく行えること
③合理的であること
　（重要な点とあまり重要ではない点を峻別できること）
④全体を俯瞰できること
⑤物事を適切に分解できること
⑥物事の関係性を正しく捉えていること
⑦因果関係を正しく捉えていること
⑧物事の構造を単純化して捉えられること
⑨数字を正しく扱えること

く、高い次元で満たされている人は論理思考力が高いと言えます。

以下、個別にどのようなことなのかを解説します。

①の「筋道が通っていること」は特に意思決定やコミュニケーションにおいて重要な意味を持ちます。その基本となるのは第4項で解説する演繹的思考と第5項で解説する帰納的思考です。これらを適切に組み合わせ、ピラミッド構造で納得性の高い論理構造を作れることも大事です。

ピラミッド構造とは、「A事業に進出すべきだ（結論）。なぜならば、A事業は市場規模や成長性の観点から魅力的であり（根拠1）、自社の○○技術等の強みも活かせる（根拠2）。しかも自社を脅かすような競合も存在せず、有力な代替品も当面は出てきそうにないからだ（根拠3）」といったように、主張と、それを支える複数の納得性の高い根拠から成り立つ論理構造です。主張から根拠に向かっては「Why?（なぜそう言えるのか？）」、根拠から主張に向かっては「So What?（だから何？）」の問いに答える形となります（姉妹書の『グ

ロービスMBAキーワード　図解 基本フレームワーク50』も参照)。

①では、事実と意見を峻別すること、無意識に置いている前提などに気づくことが出来ることも重要です。

②の「言葉の定義を正しく行えること」は、①や⑥をサポートする要件とも言えます。言葉の定義を正しく把握したり、自分なりに他者にしっかり説明できるからこそ、正しく考えたり議論することができるからです。

③の「合理的であること」は、費用対効果の高さに結びつきます。特に問題解決においてこの点は重要になってきます。たとえば、どれだけ正しい結論に至ったとしても、社長が、平社員がやるべき仕事に時間を使ってしまっていては全く合理的ではありません。重要なこととそうでないことを見わけること、最短の時間や距離でゴールに至ることと言い換えることもできるでしょう。

④の「全体を俯瞰できること」は、視野狭窄に陥らず、全体をバランスよく見渡せることとも言い換えられます。主張の根拠が偏らないようにすることも、ここに含まれます。ただし、これは意外に難しく、頭が良いと言われる人間でも、いったん思い込みが入ると「見たい情報」しか見なくなってしまうものです。

⑤の「物事を適切に分解できること」も、特に問題解決において重要となります。これができないと、どこに問題があるのか（Where）、なぜそのような問題が起きているのか（Why）、あるいはどのような手をうてばいいのか（How）などが分からないからです。ちなみに、分解を行う時のコツにMECE（モレなくダブりなく）というものがあります。これを意識して分解を行うだけで、無駄をかなり省くことができます。

⑥は、物事は他の物事との関係性の中で意味を持つものであり、関係性を踏まえた上で意味合いを正しく把握することが大事ということです。卑近な例で説明すると、たとえばメスの猫は、普通の人間から見ればペットあるいは野良猫です。一方で、オスの猫からし

論理思考 No.1

図表1-2　関係性を捉える（例：企業から見た仕入先の意味合い）

- 仕入れの対価としてキャッシュを支払う相手
- 自社のブランドイメージや競争優位性構築の源泉
- 自社の顧客に対するセールスポイント
- 価値の取り分を巡って争う交渉相手
- 業界のパイをともに拡げるパートナー（セミナー共催等）
- 業界に対するインフルエンサー
- 市場進化の方向性を知る情報源
- 学びの相手、実験台
- 社内に対する外圧の源
- 潜在的な競合
- 業界の変革やバリューチェーン再構築に反対する抵抗勢力
- 潜在的な自社の売却先

たらパートナー候補であり、ネズミから見れば天敵です。ライオンなどの肉食動物から見れば餌となるかもしれません。絵や写真の好きな人間から見れば描いたり撮ったりする対象ともなります。

あるいは、ある営業担当者にとって、今期の売上高1億円という数字は、昨対比で見れば25％アップかもしれませんが、予算達成度でみれば90％かもしれません。同僚と比べるとちょうど平均値かもしれないのです。これらの例は身近なためあまり間違えることはないでしょうが、物事の抽象度が上がったり、複数の側面を持つようになると、急激にその関係性や意味合いを正しく捉えることは難しくなります。それを正しく見極める必要があります（**図表1-2**）。

⑦の因果関係は④や⑥とも関連する要素ですが、特に問題解決において非常に重要な意味を持ってきます。問題の本質的な原因ではないところにアクションをとってもあまり効果がないことは容易に想像がつきます。また、因果関係が時空を大きくまたぐ時には、その把握は非常に困難になります。

⑧の「物事の構造を単純化して捉えられること」は概念化、抽象化ということと連関してきます。これは問題解決にもコミュニケーションにも効いてくる重要なポイントです。

⑨の「数字を正しく扱えること」は、③の合理性と大きな関連を持ってきます。定量的なものの見方や分析ができると、問題解決の効率も上がりますし、コミュニケーションミスも減るのです。

事例で確認

ここでは、新聞各社が「新聞に関しては消費税10%を適用せず、軽減税率を適用すべき」と主張した点に関して、論理思考の要件の観点から検討してみましょう。

新聞各社の主張は、概ね「新聞は文化水準の維持に必須であり、また生活にとっても必要なものであるため、増税はふさわしくない。海外にも新聞に軽減税率を適用している国が多い」というものでした（もちろん、本音は売上げの維持ですが）。

評価については図表1-3にまとめましたが、ここではいくつか特に重要な要件について検討してみましょう。

まず、筋道が通っているかということに関しては、主張に対して根拠が弱いと言えるでしょう。なぜ文化水準の維持に、新聞という特定のメディアが優遇を受ける必要があるのかも分かりませんし、そもそもこのご時世に新聞が食料のように生活必需品かという点にも疑問があります。新聞に軽減税率を適用していない国もあります。

また④⑥も問題です。自社や自業界の売上げにこだわるあまり、そもそも存在意義に対する意識が弱いように思われます。マスコミ、特に新聞は第4権力として行政などを監視・牽制する役割があるはずですが、その視点が抜けています。政府にロビー活動をかけることは、政府が新聞業界に恩を着せることにもつながります。このケースでは論理思考の要件があまり満たされていないと言えそうです。

論理思考 No.1

図表1-3 「新聞は軽減税率を適用すべき」は論理的な主張か？

	評価
①筋道が通っているか	根拠としては弱い（本文参照）
②言葉の定義を正しく捉えているか	大きな問題はない
③合理的であるか	新聞を売るという意味では合理的
④全体を俯瞰できているか	自分に都合のいい部分だけを見ている（本文参照）
⑤物事を適切に分解できているか	大きな問題はない
⑥物事の関係性を正しく捉えているか	政治との距離に難ありか（本文参照）
⑦因果関係を正しく捉えているか	新聞の衰退が本当に文化の衰退を招くかという点で納得感は必ずしも高くない
⑧物事の構造を単純化して捉えているか	むしろ単純化しすぎか
⑨数字を正しく扱っているか	定量的かつ納得性の高い分析はあまりない

コツ・留意点

1 論理思考はビジネスパーソンの必須スキルであるのは疑いようがありません。しかし、往々にして「ロジカル」であることの一部要件が自己目的化してしまいます。それがビジネスの生産性を下げるようでは問題です。たとえば、人間はロジックや正論だけで動かせるものではありません。感情もありますし、プライドやメンツなども強く意識するからです。そうした人間心理への配慮を飛ばしたまま正論を振りかざしてみても、かえって相手の感情をこじらせ、説得が難しくなることがあります。あるいは、本文中に説明したMECEという概念も非常に有用ではありますが、これもあまりこだわり過ぎては問題解決のスピードをむしろ削いでしまいます。最終的に意思決定やコミュニケーション、問題解決などを加速するという論理思考の目的をしっかり理解しておく必要があります。

2 論理思考の要素として「何を議論すべきか（イシュー）」を正しく押さえるという要素も入れることがあります。これも非常に重要ではありますが、グロービスでは次項でも触れるように広義のクリティカル・シンキングの一要素としています。

2 批判的思考

健全な批判精神を持ちながら、論理的思考ができているか否かをさらに一段上の視点から見る思考。バイアスや思考の罠にとらわれていないかを見極める思考も含まれる。

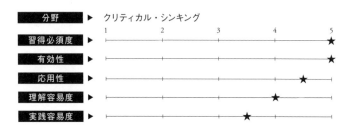

基礎を学ぶ

活用すべき場面

- ビジネスシーン全般
- 議論や会議の場
- 新しいビジネスアイデアを考える

考え方

　批判的思考はそのまま訳せばクリティカル・シンキングとなります。ビジネスにおけるクリティカル・シンキングという言葉は、狭義には「思考の落とし穴や先入観を十分に理解した上で、物事を客観的に捉え、偏りなく筋道を立てて考えていく思考」と言えます。

　グロービスではクリティカル・シンキングという言葉をやや広義に解釈し、「（前項で説明した）論理思考に、コンサルティングファームなどで用いられている思考の技術（2章第10項の仮説思考など）を加味した、ビジネスパーソンの思考力のベースとなるスキル。健全な批判的精神もここに含まれる」などと定義しています。

批判的思考 No.2

図表2-1 狭義と広義のクリティカル・シンキング

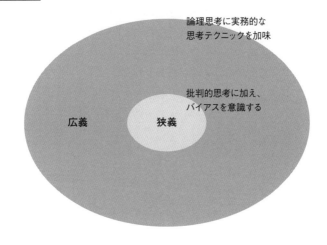

それゆえ、第1項の「コツ・留意点」でも指摘した、「何を議論すべきか（イシュー）を正しく押さえること」なども重要な要件として盛り込んでいます。

本項では主に狭義のクリティカル・シンキングについて解説していきます。その要素としては以下の事柄が挙げられるでしょう。

①物事を疑い、本当かどうかを考える
②自分自身を省察し、思考の落とし穴に陥っていないかを見極める
③他人の行動が何によって影響を受けているかを考察する
④因果関係を正しく理解する
⑤自分の信念を分析する

これらの要素からも分かるように、論理思考と批判的思考（狭義のクリティカル・シンキング）は重なる部分も多く、クリアカットに分けられるものではありません。とは言え、特に①②は批判的思考において特に強く意識すべきとされているものであるため、ここではそれについて解説しましょう。

①は特に、皆の意見が一致している時ほど力を発揮します。たとえばベンチャービジネスを考えている人間であれば、「本当にその前提が成り立つのか？」「暗黙の前提はないのか？」といったことを考えることで、それまでの常識を越えたようなユニークなビジネスアイデアにたどり着くかもしれません。
　②はいわゆるバイアス（思考の偏り）やヒューリスティクス（解を求める際に暗黙のうちに用いている簡便な解法や法則）に気づくことで、間違った、あるいは偏った思考をしていないかをチェックするものです。人間はこうした思考の歪みの虜でもありますから、これらを脱却できるだけでも、より適切な結論や解にたどり着ける可能性が高まるのです。

事例で確認

　2015年にアメリカで封切られた『マネー・ショート　華麗なる大逆転』という、実話に基づいた映画は、サブプライムローンが問題となる直前に、その危険性に気づき、「クレジット・デフォルト・スワップ」という金融手法（一種の空売り）で巨額の富を築いた男たちを取り上げていました。
　危機が顕在化する前までのアメリカでは「住宅ローンで損をすることはない」といった思い込みや、「格付けも優良である」という根拠から、皆がサブプライムローンにのめり込んでいました。映画では何組かの主役陣が登場するのですが、彼らは、「これは本当に安全なのか？」「危険に皆が気づいていないだけではないのか？」と徹底的にそれまでの常識を疑うことで投資チャンスを見つけたのです。まさに批判的思考のたまものと言えるでしょう。映画では、そうした批判的精神のない、既存の業界常識にとらわれた金融業界の人々とのコントラストが印象的でした。

批判的思考 No.2

図表2-2　典型的なバイアスやヒューリスティクス

確証バイアス	自分の結論に都合のいい情報ばかりを見てしまう
現状維持バイアス	新しいことはリスクが高く、現状維持の方がリスクが低く、居心地もいいと感じる
ハロー効果	目立った事柄や特定の側面に影響を受けてしまう
近日効果	最近起きた事柄により強く影響を受けてしまう
アンカリング	最初に出された情報（交渉の際の価格など）に意識が向きすぎ、その周辺だけで考えてしまう
リンダ問題	特定のカテゴリーに典型的と思われる事柄の確率を過大に見積もる

コツ・留意点

1. 批判的思考は「建設的な」という形容詞で表現されることが必須です。相手の落ち度を探したり、攻撃したり、批判のための批判をするようでは意味がありません。特に自組織の中でこれを用いる場合には、この点は重要です。そんなことをしていては、人間関係も悪くなるでしょうし、あなた自身の評判も組織の中で下がってしまうはずです。批判的思考の第一歩はまず疑うということにはなりますが、「評論家」「傍観者」ではなく、組織の「当事者」として、企業価値を高めるための質問をしたり疑問を呈するという姿勢が大切です。また、いつも質問をするだけでは付加価値はつきません。あなたなりに対案を示したり、情報があれば適切に共有するなど、組織の一員としての貢献を強く意識することが大切です。

2. 論理思考も批判的思考も、俗に言う「地頭」による影響は大きいものがありますが、いずれも技術・スキルである半面、態度の側面も大きいので、トレーニング次第で伸ばせるものです。日常のさまざまな事柄を題材にしながら、「自分は今正しく考えているだろうか」を振り返ることが有効です。

3 メタ思考

自分自身を客観視する思考方法。自分自身を見つめるもう 1 人の自分が別にいるというイメージで説明される。

基礎を学ぶ

活用すべき場面
- 感情的に高ぶっている場面
- 自分の評価がされやすい場面（上司とのコミュニケーションシーンなど）
- 立場により意見が割れている時
- 自分が何をすべきかを確認する（論点を押さえているかを確認する）
- 自身の能力向上を図る

考え方

メタ思考は、「メタな視点を持つ」という言い方をされることもあります。メタ認知という用語が用いられることもありますが、内容はほぼ同等で、自分の思考や行動を対象として客観的に把握し認識することです。

自分自身を客観的かつ冷静に眺めるもう 1 人の自分が、現実に考えたり発言したり行動している自分を見て、「この発言は思慮が足

図表3-1 メタ思考

りない。場を乱している」「今すべき議論をしていない」「周りから冷めた目で見られている」などと判断する時に必要な思考です。自分が何かしらの思考の罠に陥っていないかも検証できるという意味では、前項で紹介した批判的思考の1つの要件とも言えます。

メタ思考は日常のさまざまなシーンで役に立ちますが、ビジネスシーンでは、特に多数の人との関わりの中において自分がどのように見られているかを考える際に役に立ちます。

たとえば、人間がよくやってしまいがちな安易な行動にポジショントークがあります。これは、立場によって言うことが変わるというものです。たとえばある家庭で「嫁姑」の問題が起きた時に、自分が姑の立場の人は、姑に好意的な発言をするものです。一方、自分が若いお嫁さんの立場の人は、当然嫁側に好意的な立場をとります。若いお嫁さんもいずれは姑になる可能性はあるわけですが、今の自分の立場に近い方に感情移入してしまい、客観的、冷静な判断を下しにくくなるのです。これは、「部下‐上司」「顧客‐企業」

「買い手－売り手」などさまざまな場面で発生します。

こうした時にメタ思考ができれば、過度なポジショントークを避けることができ、「彼／彼女は冷静でフェアな思考ができる」という評判を得ることもできます。それを推し進めた方法論にジョン・ロールズが発案した「無知のベール」があります。これは、関係者の誰にもなりうるという状況に自らを置き、誰の発言が最も説得力があるかを考える思考実験です。実際の自分の立場をいったん離れるという点がポイントです。

メタ思考はまた、自分の思考プロセスを客観化して分析し、効率を上げる上でも有効です。なぜなら、思考は目に見える行動とは異なり、「今自分がどのプロセスにいるか」が分かりづらいからです。

たとえば問題解決であれば、課題設定のプロセスを飛ばして安易な解決策に飛びついてしまった、などということが明確になるのです（図表3-2）。

事例で確認

歴史上、有名なメタ思考（メタ認知）はソクラテスの提唱した「無知の知」でしょう。「『知らないこと』を知っていること」が大事ということです（第38項の「Not knowing思考」も参照のこと）。

これは現代のビジネスパーソンの能力開発にも応用可能な考え方です。一般の人は、知らないことがあることは恥ずかしいことと考えてしまい、知ったかぶり、あるいは中途半端な理解のまま事を進めてしまい、失敗することがあります。自分が何を知っているか（正しく理解しているか）を理解することが、効果的な学びや実践につながっていくのです。

そもそも人間が世の中の森羅万象をすべて知ることは不可能です。知らないことが多いからこそ自分に伸び代がある、あるいはビジネスチャンスがあると考える方が望ましい態度と言えるでしょう。

メタ思考 No.3

図表3-2　メタ思考で思考プロセスを分析する

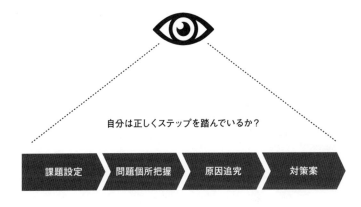

自分は正しくステップを踏んでいるか？

課題設定 → 問題個所把握 → 原因追究 → 対策案

コツ・留意点

1. メタ思考はある日いきなり身につくものではありません。日々、時々意識的に「今の自分は周りからどう評価されているのか?」「自分は果たすべき役割を果たしているか?」など、自分を客観的な視点から眺めてみる習慣をつけることが効果的です。特に、人間は感情が高ぶるとメタ思考ができなくなる傾向がありますが、そうした時こそメタ思考が有効となる場面です。自分が激高してしまうなど、感情に支配されてしまった後などに、「なぜ自分はあの時メタ思考ができなかったのか?」などと振り返ると、メタ思考の習慣はさらに身についていきます。

2. メタ思考は、さらに広義には、対象は自分だけではなくなります。あらゆる事柄について、それを一段高いレベルから検討すること全般がメタ思考になるのです。たとえば学校の先生であれば、何かを教える前に、そもそも教えることとは何か、効果的に教えるためにはどのようなプロセスを取ればいいのかということを考えるということです。上位概念を考えることにより、下位概念をより効果的に処理できるようになるのです。

4 演繹的思考

一般的・普遍的な大前提を個別的・特殊的なケースに当てはめて結論を得る論理的推論の方法。

| 分野 | ▶ | クリティカル・シンキング |

習得必須度：★5
有効性：★5
応用性：★4
理解容易度：★5
実践容易度：★4

基礎を学ぶ

活用すべき場面

- 何か結論を出す際の理由づけとする(特に緊急性が高く、かつ複雑な理由が必要ないケース)
- 規範的な事柄を根拠として用いて結論を出す
- 「べき論」や「こうなるはずだ」という確信を持って結論を出す

考え方

演繹法、あるいは演繹的推論とは、大前提と個別の小前提とを組み合わせ、自動的に結論を出す論理展開の方法です。三段論法とも呼ばれます。

最も有名な事例の1つに、「人間はいつか死ぬ。ソクラテスは人間である。ゆえにソクラテスはいつか死ぬ」というものがあります。「人間はいつか死ぬ」という大前提をソクラテスという個別の事例(小前提)に当てはめたところ、「ソクラテスはいつか死ぬ」という結論に至ったわけです。

演繹的思考 No.4

図表4-1 演繹的論理展開・推論

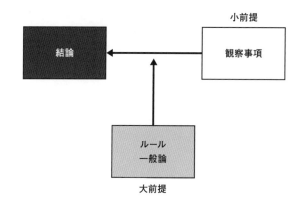

　この事例からも分かるように、演繹的な論理展開・推論は、必然的に結論が導かれてしまうことから、次項で解説する帰納法とは異なり、それ自体が新しいあるいはユニークな仮説を生み出したりはしないという特徴を持ちます。

　演繹的な論理展開・推論をビジネスで用いる際には、正しい結論を得るために、本来、その大前提が正しい（妥当性が高い）ことが求められます。

　しかしこれはあくまで多くの人を巻き込む必要があるビジネスシーンでの話です。演繹的な論理展開そのものは本来中立的であり、物事の善悪を判断するものではありません。

　たとえば「裏切り者は必ず抹殺する」という大前提は法治国家では認められるものではありませんが、仮にそう考える人間がおり、現実に裏切り者が出た場合は、

（大前提）裏切り者は必ず抹殺する

（小前提）あいつは自分を裏切った

⇒(結論)あいつは抹殺されるべきだ

という論理展開により、抹殺が企てられることになるでしょう。

この事例からも分かるように、大前提にはしばしば規範（○○は△△すべき）が用いられることがあります。それがどれだけ独善的なものであっても、その人間の中で完結している限りにおいては、「その人間にとって正しい結論」が出るという点が重要です。

ただし、それでは多くの人はついてこないため、極力、一般的・普遍的な大前提を用いる方が、より多くの人にとって納得感のある結論に結びつくのです。

事例で確認

いくつか簡単な例から見てみましょう。

（大前提）上場企業は財務諸表を公開しなくてはならない
（小前提）C社は上場企業だ
⇒（結論）C社は財務諸表を公開しなくてはならない

この大前提はかなり厳格な法律による取り決めなので、結果的にこの結論も正しいものとなります。

次の例はどうでしょうか。

（大前提）コンビニエンスストア業界は規模の経済性が働く業界である
（小前提）ファミリーマートとサークルKサンクスが合併した
⇒（結論）規模の経済性が働き、両社の合併後の収益性は向上するはずだ

この例の大前提は、あくまである条件下での傾向であり、絶対的に普遍というわけではありません。ビジネスではよく用いられる論理展開ではありますが、そうした事情もあって、結論が必ずしも真とは言えません。**図表4-2**に大前提の妥当性の強弱を示しましたので参考にしてください。

演繹的思考 No.4

図表4-2 大前提の妥当性

強い ↕ **弱い**

- 科学的真理（例：万有引力の法則）
- 普遍性の高い規範（例：人を殺してはいけない）
- 多くの事象に共通する一般則（例：大企業ほど採用は容易）
- 例外の多い一般則（例：大企業ほど福利厚生は良い）
- 少数の事象に共通する一般則
  （例：山口県出身の代議士は総理大臣になりやすい）
- 個人的な見解（例：俺のものは俺のもの、お前のものは俺のもの）

コツ・留意点

1. 演繹的な論理展開は、日常生活でも多用されていますが、それをいちいち説明すると冗長になるため、しばしば省略が行われる点には注意が必要です。たとえば、子どもに向かって「今日は暑くなりそうだから水分補給をしっかりしてね」という会話は日常的にあるでしょう。これはもう少し丁寧に言えば、「今日は暑くなりそうだ。暑い日は、子どもなどは熱中症などになりやすい。あなたは子どもだから熱中症になりやすい。熱中症は下手をすると生命に危険が及ぶことがある。だから熱中症にならないように水分補給をしっかりしてね」などとブレークダウンすることができます（実際にはさらに細かくもできますが、ここでは割愛します）。そうした省略がしばしばコミュニケーションミスを生むという点は意識しておく必要があります。

2. ビジネスにおける演繹的な論理展開で用いられる大前提は、普遍性が高いに越したことはありませんが、実際にはそのようなケースは稀で、ある程度の例外があるのが普通です。その大前提を当てはめる小前提が例外に当てはまってしまわないかには注意を払う必要があります。

1章 クリティカル・シンキング基礎編
2章 問題発見編
3章 問題解決編
4章 クリエーション編
5章 ビジネス実務編
6章 哲学・歴史編
7章 自己啓発編

5 帰納的思考

さまざまな観察事項からその共通点を見出し、一般論を導き出そうとする思考方法。

基礎を学ぶ

活用すべき場面
- ビジネスに活用できる有用な一般論を検討する
- 複数のサンプルを観察し、仮説を導き出す
- 新しいサンプルを観察することで、仮説の妥当性や確からしさを検証する

考え方

　帰納法、あるいは帰納的推論とは、論理展開、推論の最も基本的なパターンの1つで、複数の事象の共通点に着目し、何らかの示唆を引き出そうとするものです。演繹法と対をなす考え方であり、古代ギリシャの時代から用いられてきました。人間の極めて自然な考え方とも言えます。

　たとえば、仮に東京、大阪、名古屋で長期的に見た気温の上昇が他の県や都市よりも大きければ「大都市圏ほど気温の上昇が大きい」あるいは「ビルや道路が多く、ヒートアイランド化が進みやす

帰納的思考 No.5

図表5-1 帰納的論理展開・推論

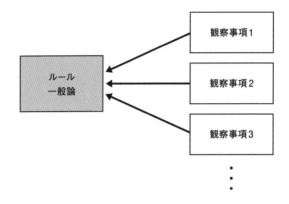

い地域ほど、実際に気温の上昇が大きい」と推論することができるでしょう。

帰納法の特徴として、すべてのサンプルをすべて観察しつくすことはできないため、厳密には「……である」と言い切ることはできず、「……だろう」という推論の形でしか表現できないということがあります。ただし、ビジネスシーンなどでは、推量の形の表現では迫力が弱くなるため、あえて「……である」と言い切る場合が多いので注意は必要です。

帰納法は、観察されるサンプル数が多いほど、そこから導かれる仮説や結論の妥当性は上がる傾向があります。たとえば仮に癌Aの患者1000人をサンプルにとってそのDNAを調べたところ、990人に共通する遺伝子Bが見つかったとします。一方で、癌Aを発症していない1000人のうち、遺伝子Bが見つかったのが20人程度だとしましょう。このケースであれば、「遺伝子Bは、直接的あるいは間接的に癌Aを引き起こす要因となっている可能性が高い」という

仮説を導き出すのは妥当と言えます。

しかし、仮に最初の癌Aの患者のサンプルが4人しかいなかったら、その4人すべてに遺伝子Bがあったとしても、そこから「遺伝子Bは、直接的あるいは間接的に癌Aを引き起こす要因となっている可能性が高い」とまで言い切ることは難しくなります。

もちろん、仮説としてそれを提示することは可能ですが、その仮説を検証するためには、たくさんの癌Aの患者を調べ、遺伝子Bの存在の有無を調べる必要があります。

自然科学においては特に顕著ですが、経営学を含む社会科学においても、帰納的推論の妥当性を上げるためには、同じ共通点を持つサンプルの数を増やすことが非常に重要となります。逆に、たった1つの反例が、その仮説の妥当性を大きく減じさせることもあるのです。

事例で確認

図表5-2 はある企業において優秀とされる管理職の特性をリスト化したものです（厳密には、先の癌遺伝子の例同様、優秀ではない管理職の特性と比較し、その差異を見ることが必要ですが、ここでは議論を単純化するために割愛しています）。

20人という比較的少数のサンプルですから、仮説以上のことはなかなか言えませんが、少なくともこの企業において活躍するためには、コミュニケーション力と達成意欲、行動力が特に重要であると推論することができそうです。

もしこの仮説をさらに強固なものにしたいのであれば、より多くのサンプルについて同様の調査をすることが必要です。ただし、この仮説は、この企業のこの時期だからこそ当てはまるものであり、経営環境が変わった時にはそれが通じにくくなる可能性がある点には留意しておく必要があります。

帰納的思考 No.5

図表5-2 ある企業における優秀な管理職の条件

	A	B	C	D	E	F	G	H	I	J	K	L	M	N	O	P	Q	R	S	T
									サンプル											
論理的思考力	△	△	◎	◎	○	○	○	△	△	△	○	△	○	△	△	△	◎	△	◎	◎
創造性	△	△	○	○	○	○	△	△	△	△	△	△	△	△	△	○	○	△	△	△
業務知識	○	○	◎	○	◎	○	○	○	○	○	○	○	○	○	○	△	○	○	○	◎
コミュニケーション力	◎	○	△	△	◎	○	◎	○	○	△	○	◎	○	○	◎	○	◎	○	◎	○
達成意欲	◎	○	◎	◎	◎	◎	○	○	○	◎	◎	◎	○	○	◎	◎	○	◎	○	◎
部下育成力	△	○	△	△	△	○	△	○	△	△	◎	◎	△	◎	△	○	△	◎	◎	○
行動力	◎	○	◎	○	◎	○	○	○	○	○	◎	○	◎	○	◎	○	○	◎	○	◎

コツ・留意点

1 ビジネスにおける帰納的な思考では「どの類似点に着目するか」が有用な仮説や一般論を導く上での鍵となります。たとえば、妊娠検査薬が1月、4月、9月に売れ行き好調だからといって、「妊娠検査薬は学期初めに売れる」と結論を出してもあまり良い示唆とは言えません。ここでは、「妊娠検査薬は長い休みの後に売れる」という結論の方がまだ役に立つ示唆と言えるでしょう。同様に、宿泊業、飲食サービス業、生活関連サービス業の平均年収が低いからと言って、「サービス業は年収が低い」と結論を出してしまっては誤りです。総合商社やテレビ局のように、平均よりはるかに年収の高いサービス業も多いからです。「規制産業ではなく、また求められるスキルの専門性があまり高くない業界は年収が低くなる傾向にある」の方が妥当性は高いと言えそうです。

2 ビジネスにおける一般論は、自然科学のケースとは異なり、普遍性は低いのが普通です。どのような一般論も、ある状況下でこそ成り立つと思っておく方が間違いはありません。むしろ、その一般論が成り立つ状況とは何なのかを考察することが大事と言えます。

6 科学的思考

事象の生じる原因や仕組みを調べる観察や実験を実施し、その結果を総合的に考察し、その中から規則性を見出し、普遍的な法則を発見する思考。

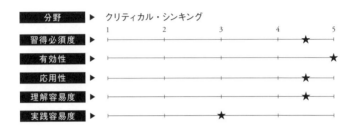

分野	▶	クリティカル・シンキング
習得必須度	▶	★ (4.5)
有効性	▶	★ (5)
応用性	▶	★ (4.5)
理解容易度	▶	★ (4.5)
実践容易度	▶	★ (3)

基礎を学ぶ

活用すべき場面

- 自然科学を活用するシーン全般（研究開発など）
- 仮説を立て、検証を行う
- ビジネス的な実験を行う（実験店舗の運営など）
- サーベイやリサーチなどを行う

考え方

「科学」は狭義には自然科学を指しますが、経営学を含む社会科学においても当然、科学的思考は有効ですし、適切に使うことで効果を上げることができます。

科学的思考の重要な要素としては以下が挙げられるでしょう。①は科学的思考のベースとなるものであり、②から⑥までは考え方のプロセスに沿っています。

①疑問を持つ（好奇心を持つ）

科学的思考 No.6

図表6-1 科学的思考の要素

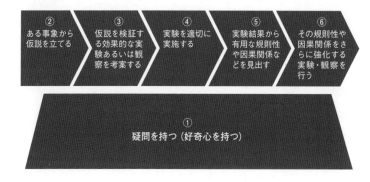

②ある事象から仮説を立てる
③仮説を検証する効果的な実験あるいは観察を考案する
④実験を適切に実施する
⑤実験結果から有用な規則性や因果関係などを見出す
⑥その規則性や因果関係をさらに強化する実験・観察を行う

　この中でも特に重要なのは①、そして②と③でしょう。
　まず①ですが、ちょっとした疑問が新しい有用な発見や新ビジネスに結びつくということは少なくありません。有名な社会科学者のマックス・ヴェーバーも、「有能な学者に必要なのは、『驚く力』だ」という趣旨の発言を残しています。
　たとえばニュートンは、「なぜ月は地球に落ちてこないのに、リンゴは落ちるのか」という疑問を抱き、そこから「2つの物質間には、それぞれの質量の積を距離の2乗で割った値に比例する引力が働く」という仮説を導き出しました。凡人には当たり前の現象に疑問を抱くことから世紀の大発見を行ったのです。

ビジネスの世界では、たとえばPayJoyという企業は、「市場には1万円程度のスマートフォンが溢れているのに、それでも低所得者層がスマートフォンを買わないのはなぜ？」という疑問から生まれたベンチャー企業です（2017年現在）。同社は、「PayJoy Lock」というソフトウェアをスマートフォンにインストールすることで、支払いをしっかり行うインセンティブを導入し、多くの競合が相手にしないような顧客層を取り込んでいきました。

　②「ある事象から仮説を立てる」と③「仮説を検証する効果的な実験あるいは観察を考案する」も非常に大事です（必然的に、第10項で解説する仮説思考も大きく連関します）。

　特に自然科学の分野においては、ノーベル賞級の発見は、②か③、あるいはその両方が優れていたからこそ与えられることが多くなっています。

　たとえば利根川進博士は「多様な免疫グロブリンを作り出す遺伝子そのものが柔軟に塩基配列を変える」という仮説を持ち、それを証明することでノーベル医学生理学賞を受賞しました。

　複数の日本人研究者にノーベル物理学賞をもたらした岐阜県の施設「カミオカンデ」「スーパーカミオカンデ」は、実験方法を究極まで突き詰めた例と言えるでしょう。

　自然科学の世界では、上記②から⑥までを、まさに実験室で行います。社会科学でも、たとえば心理学などはほぼ実験室と同様の環境を準備することで、有用な示唆を得ようとします。

　その点、現実のビジネスにおいては、実験室とは異なり、完全に条件をコントロールしながらの実験をできないのが悩みと言えます。言い換えれば、特定の条件だけを変えて比較することが難しいということです。

　とは言え、店舗型のビジネスで実験店を出したり、あるいは消費財メーカーがテストマーケティングを行うことで仮説を検証しようとするのは、科学的思考の延長にあると言えるでしょう。

科学的思考 No.6

図表6-2 アブダクション（不明推測法）と演繹法、帰納法の関係

演繹法

ルール	AならばB	良い立地ほど客が来る	
観察事項 ケース	Aである	あの店は良い立地にある	
結果	必然的にB	あの店には客が来る	

帰納法

ケース	Aである	良い立地に店を出した
結果	Bである	たくさんの客が来た
ルール	AならばBなのだろう	良い立地ほど客が来るのだろう

アブダクション（不明推測法）

結果	Bである	たくさんの客が来た
ルール	AならばBではないか？	良い立地ほど客が来るのではないか？
ケース	Aであろう	良い立地に店を出して客が来るか確認しよう

参考：『考える技術・書く技術』（バーバラ・ミント著、ダイヤモンド社）をもとに作成

　なお、観察事項から、それを説明する思考法を不明推測法（アブダクション）と言います。すでに紹介した演繹法、帰納法と比較すると図表6-2のようになります。科学的思考の重要なパートを占める発想法と言えます。

「科学的思考」とは言いますが、超一流と普通の一流を分けるものとして閃きやセンスの比重は高く、セレンディピティ（好ましい偶然に遭遇したり、予想外のものを発見すること）の影響も大きく受ける点がポイントです。とは言え、ある程度の訓練で一定レベルにまでは達することができるとは言えるでしょう。

事例で確認

　近年、科学的思考を応用して盛んに行われている分析がA/Bテストです。これは、WEBマーケティングなどにおいて、2種類のクリエイティブ（広告表現）があった時に、どちらの表現の方がよ

り多くのクリック数があるか、あるいはコンバージョンに結びつくかなどをランダム化比較試験の考え方などを用いて調査するものです。

　単純なA/Bテストでは、単にどちらの表現がいいかを選ぶだけの用途にとどまることもありますが、より緻密なA/Bテストでは、まさに科学実験のように、微妙な差異のものを組み合わせることで、何が決定的に重要な要因になっているのかを探ったりします。

　たとえば、色の違いで大きな差が出るのか、あるいは人物の写真が女性か男性かで差が出るのかなどを調べたりするのです。

　また、時間や予算の自由度が高い場合には、A/Bテストを繰り返し、改定したものとそうでないものを比較し、結果が良ければその改定を積み上げることで、極力、最善の表現を探していくということもよく行われています。ある意味、カイゼン活動に近いやり方とも言えます。

　このように明示的に科学的思考法を用いた実験を行うケースもありますが、多くのビジネスパーソンも、無意識のうちに似たような実験を行っているものです。

　たとえばセールスパーソンであれば、「この顧客は午前より午後に訪問した方が効果的なコミュニケーションができそうだ」とある日気づくことがあります。そうすれば、次の訪問は午後に行うことで、実際に効果的なコミュニケーションができるかどうかを検証することでしょう。

　そしてさらにA/Bテストのように、他の項目についても「こちらの方が効果的では」という仮説が浮かんできます。そしてそれを検証していくのです。

　発見される規則性は汎用性が高いに越したことはありませんが、それにこだわり過ぎる必要はありません。狭い範囲であっても有用な規則性を見出す姿勢が科学的思考の土台となるのです。

科学的思考 No.6

図表6-3　科学的問題解決と分析的問題解決

基本プロセス	分析的問題解決	科学的問題解決
1. 問題は何か？	現状の結果と望んでいる結果との違いを図に描く	理論上得られる結果と現実に得られた結果との不一致を明らかにする
2. 問題はどこにあるのか？	結果を引き起こしている、現状を構成する要素を図に描く	その不一致の原因となっている既存理論上の仮定を述べる
3. 問題はなぜ存在するのか？	それぞれの要素を分析し、なぜそれらが問題を引き起こすのかを明らかにする	その不一致を排除して結果を説明できると考えられる代替仮説を立てる
4. 問題に対し何ができるか？	望んでいる結果をもたらす変更案を、論理的に系統だてて書いてみる	不適切な仮説を排除するための実験を行う
5. 問題に対し何をすべきか？	最も満足のいく結果をもたらすよう、変更案を統合して新しい構造を造り上げる	実験から導かれた結果に基づいて理論を再構築する

出典：『考える技術・書く技術』（バーバラ・ミント著、ダイヤモンド社）

コツ・留意点

1 科学的思考の本来的に重要なポイントは仮説の設定と検証方法の考案ですが、ビジネスシーンにおいては、実験の適切な実施と、実験結果から得られたデータの解釈の重要度が上がります。なぜなら、本文中にも書いたように、ビジネスでは、「他の条件をすべて揃えて比較をする」ということが通常は難しいからです。たとえば2つの実験店を出した時に、その差異の大きな部分が立地から来たものなのか、店長の力量から来たものなのか、それとも他の条件から来たものなのかを直ちに判断することは容易ではありません。一般常識や、定性的な情報なども含めて総合的に判断することが求められます。科学的思考は大事ではありますが、その限界を理解することも重要です。

2 コンサルティングファームなどで用いられている分析的な問題解決とは異なる問題解決に、科学的な理論を模索する科学的な問題解決があります。これを対比させると、図表6-3のようになります。研究者やそれに近い人間以外が科学的問題解決を集中的に行うシーンは少ないかもしれませんが、一般のビジネスパーソンも、こうした考え方があること自体は知っておいてよいでしょう。

7 確率思考

特定の状況のみを考慮するのではなく、それぞれの状況が生じる確率を意識し、期待値が最大になるように意思決定・行動する思考法。

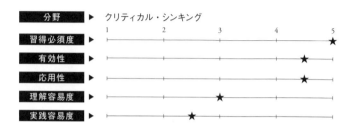

| 分野 | ▶ | クリティカル・シンキング |

習得必須度：5
有効性：4.5
応用性：4.5
理解容易度：3
実践容易度：2

基礎を学ぶ

活用すべき場面

- 不確実性の高い状況下で的確な意思決定（代替案の比較・選択）を行う
- 未来の可能性について再確認する
- 成功の確率を高める方法論を考えるヒントとする

考え方

当然のことではありますが、「100%の未来」というものはありません。必ず何かしらの不確実性が生じるものです。そうした中で、物事が起こりうる確率を意識し、最終的に得られる効用の期待値を最大化しようとするのが確率思考です。

そのために使う基本的なツールがディシジョンツリーです。このツリーを描くことにより、不確実な代替案同士を比較することができ、より期待値の高い、有利な選択肢を選ぶことができるようになります。

確率思考 No.7

図表7-1 ディシジョンツリーの例

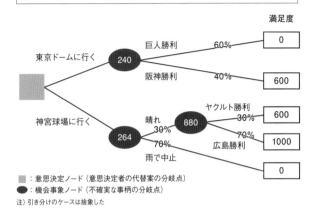

■：意思決定ノード（意思決定者の代替案の分岐点）
●：機会事象ノード（不確実な事柄の分岐点）
注）引き分けのケースは捨象した

ディシジョンツリーでは、四角い節点（ノード）は意思決定を示し、そこからの分岐はその意思決定における選択肢を示します。また丸い節点は神様が物事を決める（確率が登場する）シーンであり、そこからの分岐は発生しうる状態を表します。

図表7-1の例では、最初の「東京ドームに巨人‐阪神戦を観に行く」「神宮球場にヤクルト‐広島戦を観に行く」が意思決定の節点で自分の選択できるポイントであり、ここでは通常、期待値の大きい方を選びます。このケースでは、雨の確率は高いものの、期待値の高い「神宮球場にヤクルト‐広島戦を観に行く」を選ぶことになります。

丸い節点は確率論になるので、ここでは、それぞれの事象が起こる確率と、その時のリターンを見積もり、期待値を求めます。現実には、この確率とリターンを正確に数値化することが難しい作業となります。

実は、実際にディシジョンツリーまで描く人は少ないですが、多

かれ少なかれ、ほとんどの人はこのような思考パターンをするものです。たとえばディナーで初めての店を選ぶ時も、満足が得られる確率をある程度は想定しながら選択肢の中から店を決めます。その時参考にするのが、飲食店情報サイトのレビュー情報などです。たとえば、似たような中華料理店であれば、5点満点でより高い点数のついている店を選ぶ人が多いでしょう。

　確率思考は、このようにほとんどの人が無意識に行うものですが、差が生まれるのは、「どこまで突き詰めて確率やリターンを考えるか」という点になります。たとえば**図表7-1**の例では、天気予報等の情報から、その日に雨の降る確率はある程度分かりますが、それでも、それをしっかり調べる人間と調べない人間はいるものです。

　ビジネスにおいても、さまざまな確率やリターンをかなりしっかり検討する会社もあれば、無頓着な会社もあります。長い目で見れば前者の方が好ましいのですが、「確率」である以上、意思決定が裏目に出る可能性は常にあります。それも踏まえた上で確率とどう付き合うかが問われているのです。

事例で確認

　USJ（ユニバーサル・スタジオ・ジャパン）の業績をV字回復に導かれた森岡毅氏は、（特にマーケティング分野において）非常に確率を重視される経営者です。彼は著書『確率思考の戦略論』の中で「勝てる戦いを探している」ということを明言されています。つまり、ディシジョンツリーで言えば、勝つ確率が高く、それゆえ期待値が高くなる選択肢を常に選ぶということです。

　彼はまた、勝つ確率が高いかどうかを見極めるには、市場の構造や消費者の本質というものを理解することが必須と述べられています。それを徹底的に考えるからこそ、不確実性が減り、より良い意思決定に結びつけることができるのです。

確率思考 No.7

図表7-2 ベイズ確率

	一般的な確率の考え方 (確率は主観とは無縁)	ベイズ確率の考え方 (確率に主観が入る)
正確に作られたサイコロを振ったところ、10回続けて偶数が出た		
次に偶数の目が出る確率は?	2分の1	—
ある病院の産科で、10人続けて女の子が生まれた		
次の赤ちゃんが女の子である確率は?	2分の1(?)	女の子である確率はかなり高い
根拠	男女比は基本的に一定	この地域では何らかの理由で女の子が生まれやすい

注)厳密には新生児の性別は男子が少し高いが、ここでは半々と考えた

コツ・留意点

1 ビジネスにおける確率の扱いの難しさとして、その確率が客観的な確率ではなく、主観的に置かざるを得ないシーンが多いということがあります。専門用語で言えば、ベイズ確率(図表7-2)の考え方を取らざるを得ないケースが多いのです。たとえば、ある若手に何か仕事を依頼する際、彼/彼女がそれをうまくこなせる確率は、最初は過去の類似の例から想像することでしょう。しかし、もし彼/彼女が3回連続してその仕事をうまくこなすことができれば、自ずとその成功確率は変えざるを得ないということです。客観的(一般的)な確率を用いるべきなのか、ある程度主観的な確率を置くべきなのかを正しく峻別したいものです。ちなみに、通常のメールとスパムメールを分けるフィルタリングではまさにベイズ確率の考え方が用いられています。

2 確率思考で難しいのは、極めてリターンが高い/低い場合や、確率が低い場合の扱いです。たとえば、東京大阪間を夜行バスで移動することを検討する際に、事故死の可能性をどのくらい考慮するかという問題です。これも個人の主観が大きな意味を持つため、共通の見解に至るのは容易ではありません。

8 統計思考

意思決定にあたって、統計手法の考え方を考慮する思考。また、統計の落とし穴に陥らないということも含意する。

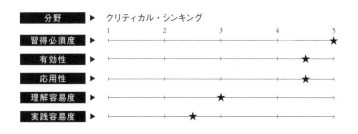

基礎を学ぶ

活用すべき場面

- 品質管理や顧客管理に活かす
- 表面的な数字のみではなく、実体を見極めた上で効果的な意思決定を行う
- 2つの要素間の関係性を正しく把握することで、問題解決などに活かす
- 有意ではない数字で意思決定してしまう過ちを避ける

考え方

「確率・統計」という言葉もあるくらいですから、この思考法は当然前項の確率思考と強い関係を持ちます(そもそも、確率は統計学の要素の1つです)。その中で特に「統計思考」という場合には、**図表8-1**に示したような要素をしっかり理解することが重要です。

統計は、もともと品質管理の分野では普通に用いられてきましたし、保険のような確率論が重要なビジネスでは、アクチュアリーと

統計思考 No.8

図表8-1 統計思考の要素

①平均値に代表される代表値の意味を正しく理解する

②バラつきや標準偏差(リスク)の意味を正しく理解し活用する

③正規分布の性質を知る

④サンプルから得られた数字の有効性を意識する

⑤相関や回帰をはじめとする変数間の関係性を正しく捉える

呼ばれる専門家もいたりします。これらの分野では、特に**図表8-1**の②③を深く理解することが重要です。

一般のビジネスパーソンも、**図表8-1**の5つの点を意識するだけでもずいぶん世の中の見え方が変わってくるはずです(もちろん、統計を専門的に使うような仕事の場合は、大学院レベルの統計の知識が必要になってきます)。

図表8-1に示した項目がマスターできることは、「統計の罠」を避けることにもつながります。ちなみに、アメリカの作家、マーク・トウェインの有名な言葉に「嘘には3種類のものがある。普通の嘘と真っ赤な嘘と統計だ」というものがあります。それほど統計は、悪く用いれば相手を騙すツールにもなるのです。それを避けられることは、ビジネスパーソンにとって非常に重要な意味があります。

ここでは特に一般のビジネスパーソンが陥りやすい罠である①②と、ビッグデータの時代にさらに重要な意味を持つようになってきた⑤について解説します。

③については、②とも絡みますが、正規分布しているサンプルでは、平均±σの間に68％、平均±2σの間に95％のサンプルが含まれることを知っておけばいいでしょう（σは標準偏差を表します）。

④については説明がかなり数学的になってしまうため、ここでは詳細は割愛します。ただ、サンプル数が少なければ少ないほど、出てきた平均値等は実体を反映していない可能性が高くなることは意識しておいてください。特に100未満のサンプル数は要注意です。ましてやサンプル数が1桁になると、統計的には信頼性が著しく下がり、ちょっとした参考数字以上の意味は持たないと考えておく方が無難です。

母集団がそもそもそれだけの数しかないなら仕方のない面はありますが、統計に関する無知ゆえにサンプルが少ないとしたら大きな問題となります。

さて、①②に関連した話をすると、統計学の罠に陥らないための基本は、いきなりアラビア数字の平均値を見るのではなく、ヒストグラムをまずは描いてみることです。もしすでに作成されたものがあれば、必ずそれを見てみましょう。

たとえば、**図表8-2**は平均年齢が38歳となるヒストグラムを示していますが、いわゆる正規分布にはなっておらず、2つの異なる属性の集団が混じっていそうです。おそらく、比較的早めに結婚してすぐに家を持とうという若年の層と、晩婚のため、もしくはある程度の蓄えができてから家を買おうと考えている40代前半の層に分かれていそうです。もしこの集団に対してプロモーションを行う際に、30代後半の人間が触れ易い広告枠を買ってプロモーションを行っても必ずしも効果的ではなさそうなことが分かります。

このように「ピーク」が2つに分かれるケースでは、そこに異なる属性の集団が混在している可能性が高いと言えます。区営の家族向けプールの入場者などもピークが2つになることがありますが、

図表8-2　2つの集団が混在している

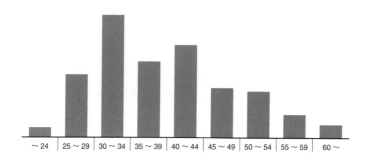

ある地域における注文住宅購入者（世帯主）の年齢分布

これは子どもとその親がメインのユーザーとなるからです。

統計では、リスクを日常の意味とは異なり、「結果のバラつき」、数学的に言えばまさに標準偏差という意味合いで用いることも大事なポイントです。仮に「コインの表が出たら散弾銃で銃殺、裏が出たら青酸カリで毒殺」というシーンがあったとします。この場合のリスクは死ではありません。コインの表裏どちらが出てもほぼ死に至るということで、リスク、つまり結果のバラつきは限りなくゼロに近いと統計学的には考えるのです。

⑤については、WEBなどを検索しても相関分析や回帰分析の説明がすぐに見つかるため、ここでは簡単に解説します（他の分析ツールと併せて学習されたい方は姉妹書である『グロービスMBAキーワード　図解 基本ビジネス分析ツール50』をご参照ください）。

相関や回帰分析が特に意味を持つのは、そこに因果関係が働く時です。

たとえば**図表8-3**は英語の学習時間と成績の関係を散布図にして見たものですが、2つの間には明確に相関があることが分かります。おそらく、英語の勉強をした人間ほど成績がよくなるという因果関係があることが想像されます。

しかし、より緻密にそれを検証しようとすると事はやや面倒になります。「英語の成績の良い人間ほど、英語の勉強が楽しいから、自ずと勉強時間も増える」という逆の因果の可能性もあるからです。

また、成績と勉強時間（勉強を我慢できる能力）の両方に影響を与える別の第3因子が存在する可能性もあります。たとえば、ある遺伝子が、勉強をする好奇心や忍耐力にも、英語の成績を上げるための記憶力などにも影響を与えるという仮説は100％否定することはできません。

こうしたこともあり、ビジネスの現場では、緻密な検証よりは納得感さえ担保できれば、それでOKとするケースが多いのです。今回の例で言えば、「英語の勉強を長い時間した人間ほど成績がよくなる」という説明に、多くの人は納得するだろうということです。

事例で確認

平均値が**図表8-2**に示した以外のケースであまり代表値として好ましくないケースとして、「1つのサンプルだけで他のサンプルの数百倍、数千倍以上の合計と同じになる」というものがあります。平均資産や平均年収はその代表例です。

たとえば、従業員200人の会社で、社長の年収が2億円だとしたら、彼／彼女を平均値の計算に入れるかどうかで、100万円の差異が生じることになるのです。こうしたケースでは、中央値（昇順／降順に並べて順位が真ん中の値）の方が代表値としては妥当とされることが多いようです。日本の世帯年収であれば、平均値530万円より、中央値の415万円の方が実感に近いということです。

統計思考 No.8

図表8-3 回帰分析（単回帰分析）

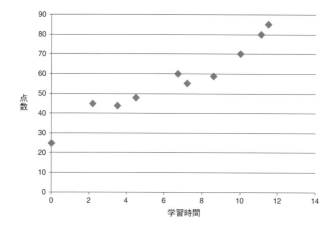

コツ・留意点

1. 一昔前までは単なる相関関係よりも因果関係の方が重視されていたのですが、ビッグデータの時代になって風向きが少し変わってきました。因果関係はなくても、相関が強ければ、それを活用しようという動きが出てきたのです。その典型がレコメンデーションメールです。レコメンデーションメールを送る際には、コンピュータはわざわざ因果関係の解析までは行いません。しかし、たとえばアマゾンであれば、過去に同じ書籍を何十冊も買ったというデータがあれば、それをベースに、類似の行動をとった人間が買っていて、ある人間が買っていない書籍を、彼／彼女にレコメンドしてくるのです。こうした相関関係と因果関係のバランスなども意識しておく必要があるのです。

2. 統計数字を活用する上では、サンプルの情報を正しく把握しておく必要があります。たとえば、アンケートであれば、いつ、どこで、誰を対象に、どのような手法で、どのような目的のためにそのアンケートをとったのかということをしっかり理解しておく必要があります。サンプル情報抜きに数字のみが独り歩きすることほど怖いことはありません。

9 フェルミ推定

実際の値がすぐに分からない事柄について、比較的手に入れたり推定しやすい情報から概算値を導く思考方法。物理学者のエンリコ・フェルミに由来する。

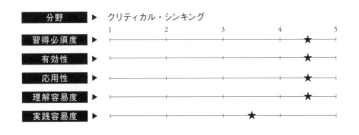

基礎を学ぶ

活用すべき場面

- ベンチャー事業などの不確実な要素の多い事業で潜在的な市場規模を概算する
- 正確な数値までは必要がない場面で、桁数が違わない程度の概算値を出す

考え方

ビジネスの世界において、意思決定をするためのすべての数値情報がきれいに揃っていることはありません。新規事業などでは、むしろそうした数字は存在しないことの方が当たり前です。そうした時に役に立つのがフェルミ推定です。

フェルミ推定では、図表9-1に示したように、「言葉の計算式」をモデル的に作り、そこに比較的入手可能な数字を当てはめ、概算値を求めます。概算値ですから、それが正しいかどうかはもう少し調査したり、検討する必要があります。

フェルミ推定 No.9

図表9-1 フェルミ推定：言葉の計算式

テーマ：日本の人間ドックの市場規模を推定する

人間ドックの市場規模　＝平均単価×延べ受診者数
　　　　　　　　　　　＝平均単価×潜在受診者×受診率

人間ドックの市場規模　＝医薬品市場規模×医薬品に対する支出比率

　ただ、実際の集計データがないのであれば、目的等にもよりますが、上下で3分の1から3倍の範囲に収まっていれば、かなり優秀なフェルミ推定と言えるでしょう（コツ・留意点参照）。

　図表9-1の例では、人間ドックの国内市場規模を求めるために2つのアプローチを考えています。まず、最初の式では、平均の人間ドック単価と、人間ドックを受ける延べ人数が必要になります。人間ドックの単価は、筆者が毎年受けているものは5万円（税抜き）です。実際にはもっと高いコースもあるでしょうが、それ以上に2～3万円程度の安い人間ドックも多いことを考えれば、4万円程度としていいでしょう。

　難しいのは毎年の延べ受診者数です。日本の人口は1億2000万人とし、そのうち子どもや後期高齢者などを除いた潜在受診者を8000万人程度としましょう。問題は、このうちどのくらいの人が人間ドックを受けるかです。仮に半分の人間が2年に1度受診すると考えると、年間の延べ受診者数は2000万人になります。先の単

価とかけ合わせると、国内の人間ドック市場は8000億円となります。

簡易的に求める時にはこれでも構いませんが、クロスチェックをすると推計値はより実態に近づいていきます。**図表9-1**の2つ目の式は、薬の市場との対比で考えようというものです。医薬品市場の市場規模を知っている人間には、こちらの方が考えやすいかもしれません。医薬品市場は概ね7兆円の規模です。

仮に、人間ドックの市場は医薬品市場の10分の1程度と推定できるなら、国内の人間ドック市場は7000億円となります。第一の式と比較的近い値となり、概ね7、8000億円の市場規模ではないかと推定できたわけです。実際に矢野経済研究所の資料によると、2013年時点で日本の人間ドック市場は9000億円強ですから、この概算はかなり良い線を行っていることが分かります。

事例で確認

新事業の市場規模の推定にフェルミ推定的な発想を用いた例に、1976年時点でのヤマト運輸の宅配便（同社のサービス名は宅急便）事業があります。

当時の小倉昌男社長は、国内の小口荷物の宅配市場規模を推定するにあたって、その市場規模をどう算出するか頭を悩ませていました。結果的に彼が用いた式は**図表9-2**のようになります。

実際の郵便小包と国鉄小荷物の合計数は数値情報が取れ、2億5000万個でした。問題は単価の方です。小倉社長は、利便性を考慮すれば郵便局よりも高く設定できると考え、500円と置きました。これをかけ合わせると、潜在市場規模は1250億円となります。

当時のヤマト運輸の売上高は350億円程度でした。自社売上高の3.5倍程度の潜在市場規模が見込まれ、かつ競合は郵便局だけという事実が、同社を宅急便事業へと大きくシフトさせたのです。

フェルミ推定 No.9

図表9-2 宅配便市場の市場規模をフェルミ推定で求める

宅配便の市場規模 ＝平均単価×小口荷物配送件数

**　　　　　　　　＝郵便局の単価×(1＋プレミアム)×小口荷物配送件数**

注： 小口荷物配送件数については本文に示したように手に入り易い情報があったが、もしそれがない場合には、「潜在ユーザー数×1年当たりの小口荷物送付回数」等をフェルミ推定で求めることになる。

コツ・留意点

1 フェルミ推定で求められる数字の精度は、目的や与えられた時間、数字のとらえどころのなさなどによって変わってきます。もともとこの考え方を広めたフェルミ本人は物理学者だったということもあり、「桁(オーダー)がずれない程度」の正確さを重視したとされます。たとえばある未知の天体の大きさが、所与の手に入りやすい情報から概算した時に、太陽の100倍程度の直径なのか、それとも10倍程度なのかが分かれば、最終的にそれが3×100倍でも、5×100倍でも大差はないと考えるのです。多少の差異であれば、実験・測定の手法や予算にそれほどの差は生じないからです。ビジネスの世界でも、極めて目新しい事業であれば、概ねオーダーが合っていれば十分と考えていいでしょう。逆に、目新しさはそれほどないビジネスであれば、それほど大外ししない程度の精度(たとえば上下50％以内など)が求められることが多くなります。

2 フェルミ推定は、最低限の知識は持っており、かつ多様な視点の人間が集まって行うと、その精度はさらに上がる傾向があります。集合知の成果が出やすい考え方とも言えます。

2章

問題発見編

2章で学ぶこと

　本章では、問題解決の中でも特に問題の発見や課題の設定に関連する思考法をご紹介します。

　仮説思考は「仮の答え」を持ちながら物事を進めるという、問題解決の基本ともなる思考法です。コンサルティングファームなどでも、新人が最初に教えられる非常にパワフルな思考法であり、生産性向上に大きく寄与します。

　「Why」思考は文字通り原因を追究するために「Why?」を問いかけ続けるものです。1章で紹介した批判的思考に通じる部分もあります。

　論点思考はそもそも何が解決すべき課題なのかを考えるものであり、問題解決の出発点ともなる部分です。ここが弱いと問題解決の後工程はすべて無駄になってしまうため、これもしっかりマスターしたい思考です。

　フレームワーク思考は問題発見などにあたって、枠組みを用いようという考え方です。フレームワークのパワーは、本シリーズの姉妹書『グロービスMBAキーワード　図解 基本フレームワーク50』などでも説明したように非常に大きなものがあります。そのパワーを再確認してください。

　本質思考は文字通り物事の本質（肝の部分）を見極めようという思考法です。その上でも役に立つのが**複眼思考**と**俯瞰思考**で

す。いずれも視点や視座を増やしたり変えたりすることで他者とは違うものの見方をすることを主眼としています。

　最後の**システム思考**は、マサチューセッツ工科大学（MIT）のグループが中心となって研究を進めてきた思考法であり、複雑に絡み合った系（システム）の構成要素の関係性や挙動に着目するものです。現実の問題の多くは、さまざまな要素が複雑に絡み合っていることが多いため、この思考法もしっかり理解しておきたいものです。

　問題解決はビジネスの中心ともなる活動です。あるべき姿と現状のギャップを「問題」と定義するならば、あらゆるビジネス活動は問題解決と捉えることも可能です。その意味でも、本章でご紹介する思考法をしっかりご理解いただきたいと思います。

10 仮説思考

仮の答えである仮説を立てながら（持ちながら）それを検証し、物事を前に進めようとする考え方。問題解決の基本姿勢でもある。

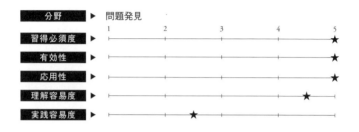

基礎を学ぶ

活用すべき場面
- 問題解決を行う
- マーケティングにおいて、最も効率よく売れるための施策群を検討する
- 新規事業において、その製品・サービスがどの程度受け入れられるのかを確認し、スピーディな方向転換に結びつける

考え方

　ビジネスにおいて仮説という言葉は、「ある論点に対する仮の答え」もしくは「分かっていないことに関する仮の答え」などと定義することができます。闇雲に何かをするのではなく、まずは仮説を立て、それを検証しながら物事を進めていく方が、効果的に結果を得られるというのが仮説思考の基本となる考え方です。

　仮説は、**図表10-1**に示したように、最初のぼんやりしたもの（初期仮説）から検証を通じて徐々に肉付け、具体化し、より良い結果

仮説思考 No.10

図表10-1 仮説を進化させる

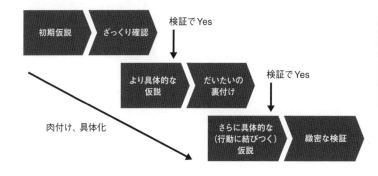

を生み出す施策へと結びつけていきます。

　仮説思考においては検証が重要になりますが、その方法は、科学とビジネスとでは多少異なります。

　特に自然科学においては、仮説の検証は、ある仮説を立て、観察や実験を繰り返すことで行います（第6項の科学的思考参照）。こうしたプロセスを通じて普遍性の高い真理へと近づいていくのです。科学における仮説検証のポイントは、以下のプロセスを正しく踏むことに尽きます。

ある事象がある
→それを合理的に説明するための仮説を立てる
→実験や観察で検証する
→その仮説を捨て、新しい仮説を立てる（Noの場合）／仮説をさらに広範囲に検証する（Yesの場合）

→真理に近づく

　一方、ビジネスにおける仮説の検証は、やや方法論が異なってきます。たとえば、「○○ビジネスはぜひ自社が新規参入すべき事業だ」という仮説を検証するためには、市場性や競合状況を調べ、自社の強みが活きそうかといったことを調べることになるでしょう。その結果により、その仮説の妥当性をチェックするのです。特に、何かを行う前の仮説の検証は、通常はこのような「状況証拠」を集め、説得力を高める形をとります。

　いったん事が動き出せば、自然科学における実験とある意味で似たような状況となります。実際、何か新しい施策を講じてその結果を見た上で、「この実験は失敗だった。別のやり方を考えよう」などと言うこともあります。

　ただし、自然科学における実験と異なるのは、同じ条件下で特定の要素だけを変え、繰り返し実験を行うということができない点です。多くの場合は「実験」と言いながらも一発勝負であったり、また、完全に条件を揃えることができないという難しさもあります。ビジネスという「生き物」であるがゆえに、仮説そのものが良くなかったのか、やり方（実験の方法）が良くなかったのかを判断しにくいという実務的な問題も生じます。

　とは言え、ある程度慣れてくると、仮説立案やその検証はうまくなっていくものです。それをスピーディに繰り返すことで、仮説を確信の持てるアイデアや施策に早く転換することができるのです。

　ところで、仮説思考のメリットは何でしょうか？　図表10-2に示したように多数のものがありますが、ここでは最初の3つについて解説します。

　1つは、「検証」という表裏一体の作業を通じて、意思決定の精度や他者に対する説得力が増すということです。言い換えれば、検証

図表10-2　仮説思考のメリット

- 検証を行うことによる説得力の向上
- スピードの向上
- 自分のビジネスに対する問題意識、関心の向上
- 無駄の排除（生産性の向上）
- クリエイティビティの向上
- 再現性の向上
- 論理思考力の向上　　等

を伴わない仮説は、単なる無責任な当て推量に過ぎません。仮説検証なきビジネスの推進は、仮に数回運良く成功したとしても、次に成功するかどうかはギャンブルになってしまいます。これでは、企業経営において最も重要な、再現性が保証されないのです。

メリットの2つ目はスピードの向上です。現代のビジネスシーンにおいて、スピードの重要性は言うまでもありません。まずは自分なりにあらゆる情報を総動員して「これがいいのではないか」と仮説を持ち、それをヒアリングでぶつけてみる、あるいはテスト的に実施しながら検証するという手順を踏んだ方が、ビジネスのスピードははるかに向上するのです。

メリットの3つ目は、ビジネスに対する関心、問題意識の向上です。良い仮説は、急に降って湧いてくるものではありません。常日頃、自分のビジネスに関連して仮説を持つように心がけようとすると、必然的に、さまざまなことに対する問題意識を高めなくてはならなくなります。これは、自分のビジネスに対するより深い洞察に

つながるのです。

事例で確認

　仮説検証の考え方は、問題解決を仕事とするコンサルティングファームなどでは必須の考え方となっていますが、一般の事業会社で最も効果的にそれをビジネスに取り入れ成功を収められたのは、長年にわたってセブン-イレブン・ジャパンを率いた鈴木敏文元会長でしょう（**図表10-3**参照）。

　セブン-イレブンは、コンビニ業界の中でも新PB商品の開発や新サービスの導入などをライバルに先駆けて行ってきました。その背景には、「このような製品を開発したら売れるのではないか」「このようなサービスを提供したらユーザーは便利に感じるだろう」といったアイデアを出して実行する仕組みに加え、POSに代表される検証の仕組み、組織に徹底された仮説検証の精神等が存在しました。

　同社の凄みは、この仮説検証を管理職やスーパーバイザー（店舗指導員）が実行しているだけではなく、店舗のオーナーやアルバイトにも要求した点です。

　たとえば、次の日に運動会のようなイベントがあるのであれば、運動会のランチ向きの商材であるおにぎりやサンドイッチがよく売れるはずなので、それを多めに発注したりします。あるいは、いつもの年に比べて気温が下がるのが早い場合は、早い段階で冷たい食品から温かい食品に切り替えていきます。仮説が当たる場合もあれば、残念ながら外れてしまう場合もあります。人間のすることですから100％の精度は出ません。ここで重要なのは学習です。つまり、100％正確に予測はできないとは言いながらも、過去の成功や失敗に学ぶことで、どんどん仮説の精度を上げていくことはできると考えるわけです。

仮説思考 No.10

図表10-3　鈴木敏文氏の考え方（抜粋）

- 顧客のニーズは日々変わっていく。昨日までのデータは参考にはなるが、明日も昨日と同じ顧客ニーズがあるとは限らない
- 小売業は、顧客ニーズの最前線に立つ業態である。顧客ニーズの変化に対応できない小売企業は負けていく
- 顧客のニーズや購買行動は、日々微妙に変わる（晴れの日と雨の日など）。それを先読みし、それに応えられる施策を用意しなくてはならない
- 顧客の行動にはその理由がある。行動の背景にある心理などをしっかりと理解、考察しなくてはならない
- 顧客が明日何を求めるのかを、さまざまな情報（過去のPOSデータや、未来の環境（天気、イベントなど）予測）をもとに仮説を立て、それを日々検証することで、顧客対応力を増していくことができる
- 小売業は、一店一店置かれた環境は異なる。本社ですべてをコントロールすることはできない。それぞれのエリアや店舗ごとに仮説検証を行い、きめ細かな対応を行っていく必要がある
- ビジネスに絶対的、普遍的な答えはない。だからこそ、仮説検証のスピードや質を上げ、市場の環境変化に速やかに対応し続けなくてはならない

出典：『ビジネス仮説力の磨き方』（グロービス著、ダイヤモンド社）

コツ・留意点

1 ビジネスの仮説の検証、特に事前の検証は7割くらいの精度で十分です。10割を目指すことは、説得力は上がるかもしれませんが、それ以上に大事な要素であるスピードを削いでしまうからです。また、そもそも、ビジネスの世界では、科学の世界のような普遍的・絶対的な真理があるわけでもありません。たとえば、明日には顧客の嗜好は大きく変わってしまうかもしれません。それゆえ、そうした「条件付き真理」を10割の精度で証明しようとするより、7割の精度でもいいからスピーディに動くことで競合に差をつけた方がいいという考え方が、経験論的に有効とされているのです。この考え方を「クイック＆ダーティ」（Quick & Dirty：多少ラフでもいいからスピーディに）と言います。

2 しばしばある錯覚は、検証した結果否定された仮説を「良くない仮説」と考えてしまうことです。確かに仮説は検証の結果、支持されるに越したことはありませんが、斬新な製品開発を行ったり戦略を打ち出す際には、検証した結果否定されることはよくあることです。むしろ、斬新なことを考えたからこそ外れる確率も高いくらいに割り切っておく方がいいでしょう。

11 「Why」思考

①問題の原因を表層的に捉えるのではなく、「Why？（なぜ？）」と問いかけることによって掘り下げて考える思考法。②また、物事がなぜ現在のやり方で行われているかを疑う思考法を指すこともある。

基礎を学ぶ

活用すべき場面
- 問題解決を行う際、本質的な原因を探る（①）
- 既存の常識を疑い、新しいやり方や業務プロセスの改善などを模索する（②）

考え方

「Why」思考は人によって多少定義の違う思考法ですが、ここでは2通りのものをご紹介します。

1つは、問題解決の典型的な流れである「What（あるべき姿とのギャップは何か）– Where（どこに問題があるか）– Why（なぜその問題が生じたのか）– How（とるべき施策は何か）」のWhy（なぜその問題が生じたのか）の部分に関して、実際に「Why？」の問いを何回も繰り返し、徹底的に本質的な原因を考えようというものです。

この点に関して有名なのはトヨタ自動車でしょう。同社には、

「Why」思考 No.11

図表11-1 「なぜ?」を5回繰り返す

「中途採用の新入社員の離職率が高い」
⬇ なぜ?
「組織文化にフィットしないから」
⬇ なぜ?
「組織文化に合うような人材を採用できていないから」
⬇ なぜ?
「即戦力として使えるかだけで判断しているから」
⬇ なぜ?
「すぐお金を生み出せる人材がひっ迫しており、とにかく即戦力が欲しいから」
⬇ なぜ?
「業務プロセスに非効率的な部分が多いから」
⬇ なぜ? ……

「『なぜ?』を5回繰り返せ」という有名な言い慣わしがあります。この質問をしつこく5回繰り返し、根源的な原因(トヨタの言葉で言えば「真因」)を突き止めよという趣旨です。トヨタ式生産システムの生みの親としても著名な大野耐一氏が残した言葉とされます。それを示した例が図表11-1です。

このように問いかけることで、「もっと中途採用の社員を増やせ」あるいは「組織文化に合わせるような研修やイベントを考えろ」といった対症療法的な対策ではなく、「そもそものビジネスの業務プロセスを抜本的に見直そう」といった、より本質的な対策がとれるようになるのです。

「なぜ?」を5回繰り返し、真因にたどり着くことができれば、「How」も自ずと見えてくるという点も重要です。図表11-1の例は、多少込み入った例ですのでさらなる真因の深掘りが必要ですが、ちょっとしたトラブルであれば、3回から5回程度「Why?」を問いかければ、自ずと対策も見えてくるようになるものです。

「Why」思考のもう1つの定義は、現状をそのまま受け入れるのではなく、「なぜここはこうなっているの？」「どうしてこれはこういうやり方をしているの？」という質問を投げかけ、皆が是としている常識を覆す思考法です。1章第2項でご紹介した批判的思考と重なる部分が大です。

これは、コンサルタントや企業再生担当者、あるいは組織変革のために企業に招かれた「経営のプロ」がよく用いる思考法でもあります。アウトサイダーならではの素朴な疑問を業務改善などに活かすのです。

そうした専門家ではなくても、転職を経験された方であれば、新しい会社に入社した時に、「なぜこの会社はこんなやり方をしているのだろう？」という疑問を覚えられた方も多いでしょう。多くの場合は無批判にそれを受け入れ、すぐに馴染んでしまうものですが、このアウトサイダーならではの疑問をうまく活用すると、皆が常識だと思っていた非効率を発見でき、業務の改善につながることがあるのです。

事例で確認

ここでは後者の、皆が是としている常識を覆す思考法の例をご紹介します。

筆者の知人のあるプロ経営者（元々はコンサルタント）は、新しい職場に行くと、まずはそこで不自然に感じる点を見つけることに時間を使うといいます。そして片っ端から担当者を捕まえては、「なぜここはこんな風にしているの？」といった質問をどんどんぶつけていくのです。その質問例と、そこから生まれた改善を**図表11-2**に示しました。

こうした質問を投げかけることにより、業務改善のヒントを得るのはもちろん、人々の意識変革を促すのも狙いなのです。

「Why」思考 No.11

図表11-2 常識への疑問を呈する

それまでの組織内の常識に チャレンジする質問	変更したことと効果
「なぜ会議のアジェンダが事前に共有されないの?」	事前にアジェンダや課題を共有することで会議を効率化。議事録も毎回共有することに
「なぜ中途採用のプロセスは一律なの?」	重要度に応じて面接者や回数を変えるなど濃淡をつけた
「なぜ営業部門と企画部門の席は離れて固まっているの?」	それぞれの座席を交ぜることでコミュニケーションを活性化
「なぜ皆遅くまで残業しているの?」	「上司がいる間は帰りにくい」という風土を刷新。上司は仕事をうまく割り振って、自分自身、早く帰ることが求められるように。その結果、生産性も向上
「なぜ社長の部屋のドアはいつも閉まっているの?」	オープンドアポリシーに変更。オープンなコミュニケーションを推進することの象徴にもなった

コツ・留意点

1 1つ目の「Why」思考については、問題の構造が入り組んでいる場合には、必ずしも直ぐに効果的な問題解決のアクションに結びつかないこともあることは理解しておきましょう。たとえばトヨタの「なぜ?」を5回繰り返すという方法論も、もともと生産現場の品質管理から生まれたことからも分かるように、因果の関係が空間的にも時間的にも近く、分かりやすい場合には非常に有効です。しかし、時間的・空間的なスコープが広く因果関係が不明瞭だったり、あるいは可視化しにくい人々の感情のもつれなどがある場合は、真因を1つに特定することも容易ではなく、問題解決は一筋縄ではいかないことが多いのです。

2 2つ目の「Why」思考については(これは批判的思考に関しても言えることですが)、「なぜ?」という質問は、往々にして横柄な印象を与える可能性があるという点には注意してください。質問する人のキャラクターにもよりますが、「なぜこのくらいのことに気が付いていないの?」という言外の雰囲気を醸し出すようでは、相手に反発や警戒感を起こさせてしまいます。謙虚な姿勢を持ち、また問いかけるタイミングやトーンなどにも配慮する必要があるのです。

12 論点思考

真に解決すべき問題を的確に把握し、組織全体として問題解決の効率・効果性を上げようという考え方。

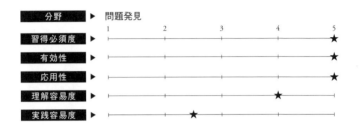

基礎を学ぶ

活用すべき場面
- 問題解決を行う
- 相手（顧客や会社の同僚など）に対して有効な提言を行う
- 交渉を実りあるものにする

考え方

　論点という言葉も多様な使われ方をする言葉ですが、ここでは解決すべき課題とし、それを適切に設定するのが論点思考です。元ボストン コンサルティング グループの内田和成氏の同タイトルの書籍によって有名になりました。同じ経営コンサルティングファームであるマッキンゼーがイシューと呼んでいる言葉と基本的な部分では同義です。
「論点」も「イシュー」も、使う人や文脈によっては意味合いが異なることもありますので、そこは注意してください。ただ、少なくとも「論点思考」という場合には、そこで言う論点は上記の定義と

図表12-1 効果的な論点の設定

効果的ではない論点の設定	効果的な論点の設定
どうすればマリファナを撲滅できるか？	どうすればマリファナによる健康上のトラブルを最小化できるか？
どうすれば子どもがもっと勉強するようになるか？	どうすれば子どもが良い人生を送る後押しができるか？
どうやって日本の人口を増やすか？	人口減少社会においてどうすれば人々は充実した生活を送れるか？
無重力空間でも書けるボールペンを開発できるか？	無重力空間ではどのように書くことがコストパフォーマンスが高いか？

なります。

 論点を適切に設定しないと、出てくる解決策は効果が弱い、最悪の場合はほとんど価値がないものとなります。

 論点思考を行うことのメリットは、最終的に解決策の効果が上がること、さらには、多くの論点を抱える企業やビジネスパーソンにとって、考えるべきことが明確化され、考えなくてもよいことを捨てることができる結果、組織としての生産性が上がることと言えるでしょう。

 たとえば**図表12-1**の一番上の例では、左側に示した論点について考えている限りは、かなりの関係者の時間や税金を投入してマリファナ撲滅のための摘発システムを構築する必要があります。見せしめとして懲罰的な罰金を科すなどという方法論もありますが、マリファナという比較的毒性が低い麻薬に対する対策として適切かと言われればやや微妙です。

しかし、もし右側のように、健康を維持する、あるいは重篤な事故を減らすということを論点とすれば、

- 安全な使用法を啓蒙する
- 利用量を自己申告させ、それを守っている限りにおいては自由に使わせる。ただし、抑制のための啓蒙も行う

などといった方法論も考えられます。事実、オーストラリアなどでは、安全な使用法（他の薬品やアルコールと併用しないなど）の啓蒙に力を入れています（なお、本事例はあくまで例示であり、筆者の個人的な意見を示すものではありません）。

図表12-1の一番下の例はもっと極端ですが、実際にNASAは、無重力下で使えるボールペンを開発するのに、一説には数億円を超える開発費を使ったと言います。日本人であればすぐに「鉛筆で書けばいいのでは」と考える場面でも、文化や置かれた立場が異なると、そのような論点設定はできなくなってしまうのです。

事例で確認

論点を的確に設定したことで良い製品開発につながった例に、生理用ナプキンの「羽」があります。

それが開発される以前のユーザーの主要な悩みは「経血が漏れること」でした。そして企業はひたすら吸収力を上げることに頭を使っていました。しかし、よくよく考えれば、顧客の悩みは「漏れること」であり、「吸収力が弱い」ということではありません。原点である「漏れないこと」を論点とした結果、漏れることの大きな原因である「ズレ」を減らす羽という解決策が出てきたのです。

論点を正しく設定することで、**図表12-2**に示したように別の問題解決の方向性も見えてくるのです。

論点思考 No.12

図表12-2 効果的な論点の設定例

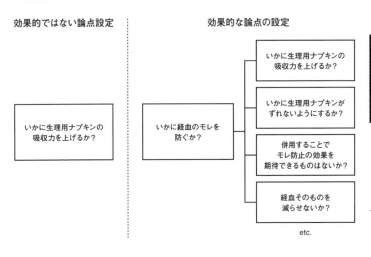

コツ・留意点

1 論点思考においては、ものの見方が非常に重要になってきます。たとえば、自分にとっては問題解決に結びついても、顧客や上司の問題解決に結びつかないというのでは、ビジネスパーソンとしては失格です。相手の視点に立つ、あるいは視座を高めて上司や経営者の視点を持つという点を意識しましょう。そういう視点を持てれば、たとえば直属の上司からの指示に対して効果的な別の方法を提示することも可能ですし、その上司のさらに上の上司の視点から物事を見てもっと他に検討すべき課題があるのではないかという提案をすることもできるようになります（もちろん、不要なトラブルを招かないように、ものの言い方に気をつける必要はありますが）。自分から見える表層的な事象だけにとらわれないことが必要です。

2 論点思考の目的の1つは企業全体の生産性アップですから、組織の上に立つ人間ほど、論点の正しい優先順位づけを行うことも重要です。また、重要な論点であっても、一企業では解決がほぼ無理なものを選んでも仕方ありません。可能性の見極めは容易ではありませんが、外すべきものは外すことも必要です。

13 フレームワーク思考

物事の全体像を捉えたり何かを分析・立案する際に、何らかの枠組みを用いることで、その効率性や効果性を上げようという思考法。

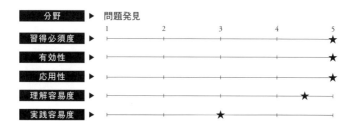

基礎を学ぶ

活用すべき場面
- 全体像を把握する
- 問題解決を行う
- ビジネスの環境分析を行う
- 効果的な施策の立案を行う

考え方

「目の不自由な人々が象を触って言い争いをする」という寓話を見聞きされた方も多いでしょう。

彼らは、それぞれ象の鼻や牙、足、尻尾など、特定の一部分を触り、そこから「象という動物はこのような動物だ」と主張します。しかし触った部位によって印象は全く違うため、話がかみ合わないという話です。物事の一部のみを見ても全体感は分からないという示唆を含みます。

では、目の見える人が何かを見た時にそれで全体像が正しく把握

フレームワーク思考 No.13

図表13-1 フレームワークで全体像を知る

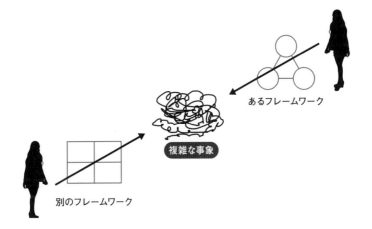

できるかと言えばそういうわけでもありません。たとえば何かの建物を真上からしか見なかった人と、横からしか見なかった人、真下からしか見なかった人、さらには内部しか見なかった人とを比べれば、これもまた感想は違うはずです。物事の全体像を正しく把握するというのはそれだけ難しいのです。

形の明確な象や建物ですらそうですから、ビジネスというぼんやりしたものの実態を正確に把握することはかなりの難しさを伴います。たとえば「○○業界って結局どんな業界？」と問われた時に、すぐに答えるのは難しいものです。上位企業のリストアップなどを始める人もいますが、企業数が多いと、それだけで業界の特徴が分かるわけではありません。

そうした時に役に立つのがビジネスフレームワークです。たとえば業界の分析をするのであれば「5つの力」というフレームワークと「アドバンテージ・マトリクス」というフレームワークを知っていれば、業界の大まかな構造や儲けやすさ、あるいは事業の特性や

その中で勝ち残る上でのヒント、さらには必要なイノベーションのヒントなどが比較的容易に得られるのです。

あるいは、マーケティングであれば、STP-4P（セグメンテーション‐ターゲティング‐ポジショニング‐マーケティング・ミックス（製品、価格、チャネル、コミュニケーション））という定番のフレームワークがあります。これを活用すれば、ある製品がヒットした時になぜそれがヒットしたのかも分かりますし、自社のマーケティングの問題点を知ることもできます。たとえば、狙ったターゲット（顧客層）に製品そのものは訴求しているものの、広告が足りず、また小売店に対する営業やプロモーションが足りないがゆえに「棚落ち」状態になっていることが多く、顧客の購買機会が失われている、などです。

フレームワークのタイプにもよりますが、分析だけではなく、具体的な施策を講じる上でもフレームワークは有効です。マーケティングであれば、上記のSTP-4Pを正しく理解し、それに則って考えていけば、それほど大外しをしたマーケティングプランを作ることはなくなるものです。

フレームワークとは日本語にすれば「枠組み」となります。実際に、多くのフレームワークは、マトリクス（特に2×2の象限が4つあるマトリクス）や複数の「ハコ」が数個集まった形をとっています。そのハコを埋めていくことで、全体感も分かりますし、何より、致命的な「考え漏れ」を防ぐことができるのです。

「考え漏れ」とは、たとえば上記のマーケティングの例であれば、製品と価格とコミュニケーションの戦略については考えていたけど、チャネル（販路）についてはすっかり考えるのを忘れていたという状況です。これを防げるだけでも、ビジネスの効率や効果は上がりますから、やはりフレームワークを知っていることのメリットは大きいのです。

こうしたフレームワークを的確に用いるのがフレームワーク思考

図表13-2 フレームワークは先人の知恵の塊

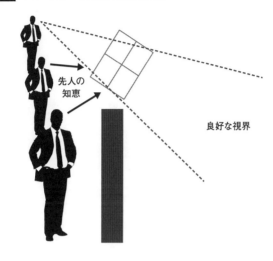

です。分析や戦略立案を仕事とするコンサルタントや、経営大学院などの卒業生であれば当たり前に身につけている思考パターンとなっています。

先に紹介した5つの力やアドバンテージ・マトリクス、あるいは、STP-4P、さらには3Cといった定番のフレームワークは、経営学者がアカデミックなサーベイに基づいて提唱したものもあれば、コンサルティング会社がさまざまなコンサルティング活動の実践を通じて開発したものもあります。永く用いられているものほど、時代の風雪に耐えた汎用性の高いものとも言えます。いずれにせよ、どれも「先人の知」が詰まったものです。囲碁や将棋にたとえれば定石（定跡）に相当するものです。

何かをする際に、先人の知恵を活用するのと、ゼロベースで一から考えるのでは、スピードや効率性に格段に差が出ます。フレームワーク思考は、先人の肩の上に乗り、先人の知恵をうまく活用する思考方法とも言えるのです（**図表13-2**）。

フレームワーク思考を行う上での重要ポイントとして、フレームワークは単なる情報整理のツールではなく、情報を整理した上で意味合い・解釈、すなわち、「So What?（だから何が言えるの？）」を引き出す必要があるということがあります。単に新しいフレームワークの形を覚えるのではなく、そこからの意味合いを引き出す姿勢を強く持つ必要があります。

　また、先人の知恵を活用することも重要ですが、場面場面に合わせて、自分なりに新しいフレームワークを（既存のフレームワークも参考にしながら）考えてみることも非常に有効です。

事例で確認

　ここでは、ある組織の全体像を、組織分析の定番フレームワークである「7S」を用いて分析した例をご紹介します。

　組織というものは、組織図や人事考課の仕組みなどのイメージは湧きますが、いざ「この組織って、結局どういう特徴があるの？ どこに問題があるの？」と問われると、答えるのは難しいものです。

　図表13-3の例で言えば、この会社は顧客へのソリューション提供に戦略の舵を切っているにもかかわらず、組織図はオーソドックスな製品・サービス別組織です。組織間のコミュニケーションもまだ活発ではなく、組織横断的な取り組みが難しいことが窺えます。

　一方で、人事考課については「顧客の問題解決への貢献」などを入れたのは戦略に合致しています。人材の面でも、他社からソリューションビジネスに慣れた人材を中途で補強したのは適切な施策です。しかし、組織全体としては、いまだに拡大志向が強く、また「結局、売上げを上げる人間が評価される」といった意識も強いことから、何らかの変革が求められていることが分かります。

フレームワーク思考 No.13

図表13-3 7Sの分析例

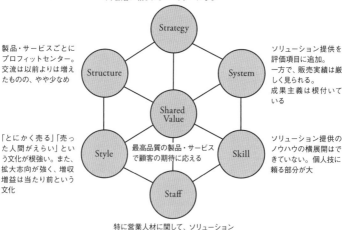

コツ・留意点

1. フレームワーク思考の最も典型的な落とし穴は、フレームワークを適切なシーンで使いこなせないというものです。フレームワークの原典をすべてあたり、背景のロジックまですべて理解するのは困難ですし現実的ではありませんが、本シリーズの先行3冊である『グロービスMBAキーワード　図解 基本フレームワーク50』『グロービスMBAキーワード　図解 ビジネスの基礎知識50』『グロービスMBAキーワード　図解 基本ビジネス分析ツール50』に収めたような超定番のビジネスフレームワークについては、その使い所や留意点、簡単な背景のメカニズムなどはしっかり押さえるようにしてください。

2. フレームワークは、状況にもよりますが、いくつかのものを用い、多面的に対象を分析することが有効です。たとえばある企業の強みを分析するのであれば、本文中に示したSTP-4Pや7Sだけではなく、バリューチェーンやVRIOなどのフレームワークを用いると、より深い分析ができるようになります。そのためにも、フレームワークの「引き出し」をたくさん持つことを日頃から意識し、学ぶ姿勢が求められるのです。

14 本質思考

一般的には、①物事の最重要ポイントを適切に見極めようとする思考法を指す。狭義には、②物事の構造とダイナミズムから、物事の急所を押さえようとする思考法を指す。

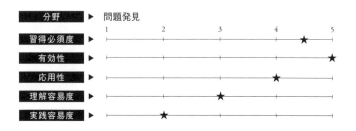

基礎を学ぶ

活用すべき場面
- 問題解決の効果を上げる（①②）
- 適切な未来予測をする（②）
- 動的な問題に対処する（②）

考え方

まず、一般的な①の本質思考から説明します。「結局、その問題の本質って何？」といった質問を投げかけられた人も多いでしょう。本質の共通の定義はなかなか難しいものがありますが、一般的には最重要ポイント、問題解決の急所という意味合いで用いられることが多くなっています。これを外してしまうと、当然のことながら、問題解決の効率は下がってしまいます。

通常の問題解決プロセスの「What‐Where‐Why‐How」のプロセス（本章第11項参照）で言えば、特に「What」と「Where」に関してこの本質思考が要求されることが多いと言えます。「What」の

本質思考 No.14

図表14-1 本質思考が必要な個所

```
WHAT?        WHERE?       WHY?         HOW?
課題設定      問題個所把握   原因追究     対策案
```

どの角度から問題を見るべきか？
最重要ポイントは何か？
問題解決の急所は何か？
最初のドミノは何か？

急所を押さえるという意味では、12項の論点思考とも強く関連します。

本質思考が機能した例に、1970年代半ばの日米繊維交渉があります。これは、もともと1950年代から日本の安価な繊維製品がアメリカの生産者を脅かしたことが発端ですが、1968年に繊維製品に関する輸出規制強化を公約としたリチャード・ニクソンが大統領に当選するに至って、問題は複雑化しました。おりしも沖縄の返還問題があり、日米の関係は非常にギクシャクしたものとなります。過去の通産大臣は、複雑怪奇に絡み合ったこの問題を解決できずにいました。

そこに登場したのが田中角栄通産大臣（当時）です。彼は、この問題の本質は外交問題ではなく、日本国内の生産者に対する内政の問題であると喝破しました。そして、予算を確保し、彼らに補助金を与えることで、複雑に絡み合った日米交渉を一気に妥結させたのです。

②の物事の構造とダイナミズムに着目する本質思考は、もともとマサチューセッツ工科大学（MIT）がその発祥の地で、日本では、ローランド・ベルガー社の平井孝志氏の同名の書籍によって有名になりました。本章の第17項で解説するシステム思考とも強く関連してきます（システム思考の総本山もMITです）。

　ポイントは、モデルとダイナミズムです。モデルとは、たとえば代理店を増やす ⇒ 市場カバレッジが高まる ⇒ 売上げが上がるといった関係性です。これは比較的理解が容易でしょう。

　ダイナミズムはやや難解ですが、長い目で見た時に、そのモデルがどのように振る舞うかを考えるものです。たとえば上記の代理店の例で言えば、代理店をどんどん増やすと、確かに売上げは伸びるかもしれませんが、やり過ぎると代理店同士のカニバリゼーションが起こりますし、下手をすると、自社商品をお互いに値引き競争で売り出す危険性もあります。

　一方で、代理店を限定してしまうと、彼らが慢心してしまって、前向きに売ろうとする意識が薄れる可能性もあります。そうしたダイナミズムも理解した上で、適切なモデルの設計を行うことが問題解決につながるというのが②の本質思考の考え方です。

事例で確認

　②の本質思考の例として、平井氏は著書の中で、日本の新製品や事業がガラパゴス化する理由として、日本の市場規模の大きさを挙げています。なまじ国内市場が大きすぎるがゆえに、

世界市場に真剣に向き合わない⇒高スペック高価格の製品が生まれる⇒グローバル競争力を失う⇒国内市場でも苦戦する

といった例を紹介しています（元の表記から多少変更しました）。

本質思考 No.14

図表14-2　MIT式の本質思考

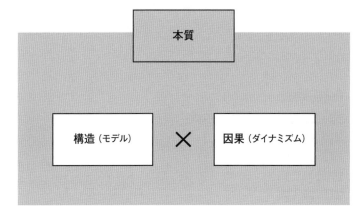

出典:『本質思考』(平井孝志著、東洋経済新報社)

コツ・留意点

1 本質を理解することは大事ですが、あまりに本質にこだわることは、問題の複雑さの程度によっては、かえって非効率になることもあります。たとえば、日常のビジネスシーンで、ある製品の売上げ不調の原因を探る際には、本質思考は非常に有効です。しかし、歴史的な経緯が複雑に絡み合った問題では、本文で紹介した田中角栄氏のように問題の本質を特定することは容易ではありません。たとえば、近年、ソニーという会社がエンターテインメント事業や金融事業では好調な一方で、原点といえるエレクトロニクス部門で苦戦しているという問題について、「その本質は何か？」と問われれば、それを皆にとって納得性高く特定するのは容易ではありません。本質思考の限界も理解すべきです。

2 ②の本質思考については、時間軸が極めて重要になります。ワンショットの状況だけで物事を考えるのではなく、中長期的に見てどのような動的な力が働く可能性があるかを考えることが大切です。ちなみに、前項で紹介したフレームワーク思考は、比較的静的な分析にとどまる傾向があります。想像力を働かせて、動的に全体像を捉えるためにも本質思考の発想は身につけたいものです。

15 複眼思考

多様な視点から物事を見ることで、さまざまなステークホルダーにとって Win-Win となる解決策をとろうとする思考法。

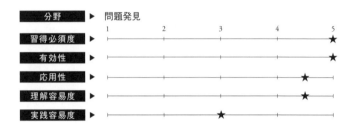

基礎を学ぶ

活用すべき場面
- 効果的な施策を検討する
- ステークホルダー全員の満足度を上げる
- 交渉の準備を行う
- 効果的なマーケティング施策を考える

考え方

複眼という言葉は、本来はトンボの目のように特殊な構造をした視覚機関を指す言葉ですが、ビジネスの世界では通常、「多様な視点」を意味する言葉として定着しています。

複眼思考でも特に重要なのは、

- マーケティング戦略を考える際には顧客の視点に立つ
- チャネル戦略を考える際にはチャネルの視点に立つ

複眼思考 No.15

図表15-1 複眼思考のイメージ

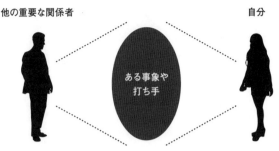

- 異なる立場
- 異なる関心
- 異なる利害関係
- 異なる価値観…

- 人事戦略を考える際には従業員の立場に立つ
- 調達戦略を考える際にはサプライヤーの視点に立つ
- 交渉準備の際には、交渉相手の視点に立つ
- 部下とコミュニケーションする際には部下の視点に立つ

など、その戦略や施策を検討する上で重要な影響のある当事者の視点に立つことです。

たとえば交渉であれば、組織を代表する自分の立場を正しく理解することも重要ですが、相手の組織を代表する交渉相手の事情についても思いを巡らすことが重要です。

仮にこちらが交渉上、優位な立場にあったとしても、無理難題を押し付けてしまっては、交渉相手の組織内での立場が微妙なものになってしまいます。そうすると、彼／彼女が組織内に説得するのも大変になるでしょう。

相手組織も、交渉結果は仕方なく飲んだとしても、結果に対するコミットメントが薄れてしまう可能性があります。自分のことしか

考えずに事を進めると、結局は効果的な問題解決にならないという点が重要です。

こうしたことは、言われてしまえば当たり前のように感じるものですが、緊急度が高かったり、自分にとって重要な案件になると、人間というものは視野狭窄になり、自分中心に物事を考えてしまうものです。これでは、短期的には結果が出たように見えるかもしれませんが、「あいつは自己中心的な人間だ」という評判が生まれてしまうと、中長期的に見て自分の信用度は下がってしまい、いざという時に味方になってくれる人が少なくなるという悪影響を及ぼします。

なお、複眼思考は「相手の立場に立って考える」ということがまずは重要ですが、その他にも、他者の視点に立って、「彼／彼女」ならどう考えるだろう、という想像力を働かせるといった応用もあります。たとえば自分の尊敬する先輩ならどう考えるだろうか、あるいは直属の上長だったらどう考えるだろうかといったことに思いを巡らせると、複眼思考はより有効なものになります。

事例で確認

複眼思考が効果を上げ易いのはマーケティングのシーンでしょう。どのような企業であれ、顧客ニーズは意識しながらも、どうしても「提供者側の論理」に拘束されてしまうからです。

かつてP&Gでは、新興国向けの使い捨てオムツを開発するにあたって、事業責任者自らが、保安上問題があるにもかかわらず、潜在顧客の家に数日間泊まり込んだといいます。そうすることで、睡眠時間中だけは高価でも漏れのない使い捨てオムツが欲しいといったニーズや、日中はきめ細かな対応が可能なので、安さがより重視されるというニーズに気が付き、それに対応した品ぞろえを実現できたのです。

複眼思考 No.15

図表15-2 複眼思考に求められるイマジネーション

他者の立場になりきる

- そもそもどんな人？
- どんな生活を送っている？
- 好きなこと、嫌いなことは？
- どんな人生を歩んできた？
- 重要な人は誰？……

一般常識、日常のインプット、ヒアリング、その他のリサーチなどから想像する

コツ・留意点

1 複眼思考は、本文中のP&Gの事例からも分かるように、可能であれば実際にその立場に立ったり、その立場の人に密着して観察したりヒアリングすることが極めて有効です。しかし、現実的には、あらゆるステークホルダーに密着してその本音の考え方を知ることは容易ではありません。たとえば人事戦略であれば、社内にも多様な意見の人もいますし、仮にヒアリングをしたとしても、ユーザーインタビューとは異なり、本音の意見を言ってくれるとは限りません。そこで重要になってくるのが想像力、つまりイマジネーションです。よくコンサルティングでは「ロジック&イマジネーション」（イメージという場合もあります）ということが言われますが、さまざまな情報を駆使し、現場感覚も持ちながら「こうした施策をうったら皆はどのように感じるだろうか」という想像力を的確に働かせることが、効果的な複眼思考につながるのです（図表15-2）。

2 複眼思考の実践においては、当然、自分ひとりで考えるより、適宜同僚のアドバイスなどを仰ぐことが有効です。その際には、意見の偏りが出ないように、多様な相談相手を確保しておくことも重要です。

16 俯瞰思考

より高次の視点から物事を見ることで、全体像を把握したり、経営にとって重要なポイントを見逃さない思考方法。

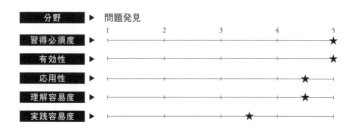

基礎を学ぶ

活用すべき場面
- 効果的な施策を検討する
- 視野狭窄を避け、経営視点で物事を考える
- 大局観を持ち、より広いスコープを意識する

考え方

俗に「鳥の目、虫の目、魚の目」という言い慣わしがあります。それぞれ、より高い視点からのものの見方、現場に近いところからの視点、そして世の中の潮流(トレンド)を見抜く視点を意味します。俯瞰思考は、この中の「より高い視点からのものの見方」を意味する思考法です。

1章第3項のメタ思考と重なる部分も大きいですが、メタ思考が「自分自身を客観的に観察する」という点に重点があったのに対し、俯瞰思考は、対象は自分のみならず、直面している問題や、ビジネス全般となります。

図表16-1 俯瞰思考のイメージ

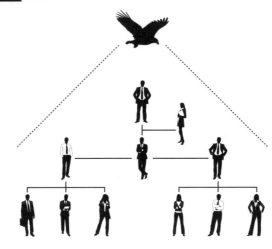

　俯瞰思考のメリットとしては、他の思考法と重なる部分もありますが、以下のようになるでしょう。

①全体感が分かることで論点や本質についても捉えやすくなる
②視野狭窄が減ることで、見落としが減る
③さまざまな要素の関係性が捉えやすくなる

　これらは突き詰めれば、結局は「What – Where – Why – How」の問題解決プロセスを効率化することにつながります。
　俯瞰思考に失敗した例に、先の大戦の日本軍の満州国建国があります。日本だけの視野で見れば、エネルギー確保等の視点から満州という傀儡国家を作り、五族共和を打ち出すにも一定の説得力はありました。しかし、より高次の視点から見れば、中国はそれを認めるはずはありませんし、欧米の列強からすると、日本の力が伸長することには警戒感を持たざるを得ません。国境を接するソ連はなお

さらです。肝心の満州人から見ても、漢族との微妙な関係はありましたが、手放しで喜べる話ではありません（実際に、日本国家の満州国経営は、欧州諸国の植民地の搾取に比べればかなりましな方でしたが、現地人には厳しいものがありました）。

軍をはじめとする「虫の目」ではそれなりの意味があったこの戦略ですが、鳥の目から俯瞰思考で眺めてみると、やはり無理筋だったのです。

ビジネスパーソンが俯瞰思考を実践するためには、まずは視座を高めてより上位の管理職の視点、特に経営者の視点を持つことが必要です。通常、経営者は会社全体のことを考えているので、「経営者からはどのように見えるか？」をまずは考えてみることです。ここでも前項の複眼思考同様、想像力（イマジネーション）が重要になります。

それだけでも見える世界が違ってくるはずですが、さらに視座を高め、業界全体を俯瞰したり（ここで業界分析のフレームワークが役に立ちます）、さらには国家や世界次元で物事を眺めてみると、また違う世界が見えてくるはずです。

事例で確認

ある企業では俯瞰思考、さらには経営者視点を養うために、研修の場などでは、「それって上司や経営者から見るとどう見える？」という質問をどんどん投げかけるようにしています。それにより、参加者が視野狭窄に陥っていることを再確認させようという狙いです。

サッカーの試合などを行い、試合が終わった後にビデオを見て振り返りを行うという体験型の育成方法もあります。サッカーは、選手から見えている風景と、スタンドの上から見える風景が異なるスポーツの代表です。これも、視界が狭くなりがちなことを確認する上では有効な方法です。

俯瞰思考 No.16

図表16-2 辺境にも注意を払う

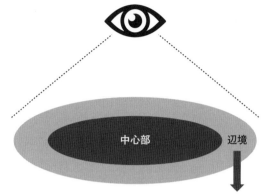

変革、イノベーション、多様性の受容、
組織文化崩壊等の発端

コツ・留意点

1. 俯瞰思考でももちろん本質ということを意識しますが、その本質は、見えやすい中心部にあるとは限りません。本文中にも示したサッカーの例で言えば、ライン際にフリーの選手がおり、彼／彼女にパスを回すと得点の可能性が増すということはよくある話です。中心だけではなく全体に目を配ることが大事です。事実、組織を大きく変えるようなイノベーションは、組織の「辺境」から起きることが少なくありません。「変革は辺境から起きる」という言葉もあるくらいです。逆に、組織を蝕むような組織文化の劣化なども、辺境から起きることがよくあります。本質が目に入りやすい個所にあるという思い込みを避けることも大事です（図表 16-2）。

2. 俯瞰思考では、それぞれの要素単独ではなく、要素間のつながりや関係性についても理解することが有効です。Ａという要素とＢという要素が傍目には近くにあるように見えても、その間に協業が生まれていないとしたらやはり問題があります。要素の物理的距離だけではなく、心理的距離や、文脈上の距離に着目することをお勧めします。

17 システム思考

独立した事象に目を奪われずに、各要素間の相互依存性、相互関連性に着目し、全体像とその動きを捉える思考方法。

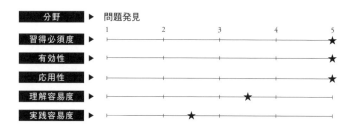

基礎を学ぶ

活用すべき場面
- 複雑な問題を解決するためのヒントを得る
- 好循環、悪循環の仕組みを理解する
- 環境やエコシステムなどが安定的な状態や持続可能な状態を実現するためのヒントを得る
- 組織学習の効率を上げる

考え方

システム思考にはいくつかの流派がありますが、本書では、MITが中心となって研究を進めてきたシステム思考（システムズ・シンキング）を取り上げます。この思考法では、部分だけを見るのではなく、システム全体の（ワンショットではない）長期的な挙動に着目します。

たとえば、差別化されていない製品の販売は往々にして価格競争や過剰なサービス競争になります。しかもそれはどんどんエスカ

システム思考 No.17

図表17-1 価格競争や過剰なサービス競争

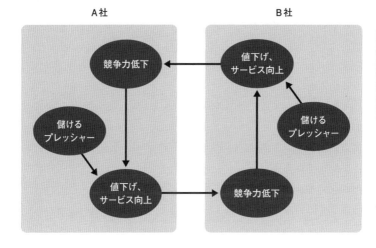

レートしていくものです。誰も儲からず、従業員も疲弊してしまうのですが、なかなかそれを止められません。そのメカニズムをシステム思考を用いて表すと**図表17-1**のようになります。

このメカニズムは1社だけを見ていたのでは分かりません。また、非合理的にも見えます。しかし、A社とB社を含めたシステムとして考えると、それぞれが個別に合理的に振る舞う結果、こうした結果に至ることが分かります。

システム思考と関連が深い組織学習の分野の大家であるMITのピーター・センゲ教授は、著書『最強組織の法則』の中で、かつての冷戦時代にアメリカとソ連が傍目には無益な軍拡競争に走ったメカニズムを、**図表17-1**と類似のモデルを用いて説明しています。

上記の事例からも分かるように、システム思考は、本章第14項で説明した本質思考②のベースとなる思考方法です。また、第15項の複眼思考や、第16項の俯瞰思考も強く求められる思考方法と言えます。

さて、改めてシステムとは何かを考えてみましょう。人間という動物もさまざまな分子が理路整然と集まったシステムと言えますし、生物の生態系もシステムの1つです。企業や経済などもシステムと見なすことができるでしょう。

システムにはさまざまな定義がありますが、システム思考では、システムを「何かを達成するように一貫性を持って組織されている、相互につながっている一連の構成要素」と定義しています（『世界はシステムで動く』より）。

重要なポイントは、
- 構成要素があること
- 相互につながって直接的・間接的に影響を与えていること
- 機能や目的があること

の3つです。

システム思考では、このようにシステムを定義づけた上で、ストック（システムにたまってきた物質や情報の蓄積）とフロー（短い時間軸でストックに出入りする物質や情報）のダイナミクス（時間的な挙動）に着目します。

たとえば**図表17-2**に示したシステムでは、出ていくエネルギーが、入ってくるエネルギーと均衡しています。つまり、入ってくるフローと出ていくフローがバランスしており、トータルとしてストックが程良く保たれているのです。もしこの均衡が崩れてしまうと、肥満（ストックの過剰）や激痩せ（ストックの不足）を招いてしまい、健康を崩してしまうのです。

システム思考は、冒頭にも示したように、より高次の視点からの問題解決や、好循環サイクルの拡大、あるいは悪循環サイクルの歯止めなどに応用できます。

たとえば、顧客満足度が低く、その結果業績が上がらないホテルがあったとします。業績不振な企業がとりがちなのは人員の削減や給与・ボーナスの引き下げ、あるいは食事の原材料費を落としたり

図表17-2 フローとストックの変動

人間のエネルギー源の補給例

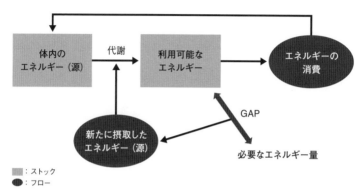

■：ストック
●：フロー

参考:『世界はシステムで動く』(ドネラ・H・メドウズ著、英治出版) をもとに作成

することによるサービスカットですが、これはどのような結果を招くでしょうか？

おそらく、さらなる顧客満足度の低下が起こるでしょう。また、サービス・マネジメントの理論によれば、顧客満足度の低下は、従業員からやりがいを奪ったり、クレーム対応で疲弊する結果、従業員の満足度も下げてしまいます。ましてやそこに給与ダウンが加われば、劇的に従業員の満足度は下がってしまいます。これはさらなる顧客満足度の低下を招き、その企業はじり貧に陥ってしまうでしょう。

もちろん、冗費を削ったり、プロセスの改善を行うことは必須です。その上で、このケースであれば、むしろ最初に顧客満足度向上のための仕組み作りに投資を行う方が賢明かもしれません。それはすなわち、ホテルの物理的環境や従業員のトレーニングに対する投資であり、あるいは賃金アップなどによるモチベーションの向上などです。

こうして従業員満足度を向上させることが顧客満足度につながり、それがさらに高い従業員満足度につながる。そしてそれがさらに高い顧客満足度につながる……という好循環を生み出すことは現実に多いのです。

　いったん進んだ悪循環を止めることは容易ではありません。逆に、好循環が回り始めると、それは自律的に動き始めるものです。最初のちょっとした微差が好循環になるか悪循環になるかの差となる点は意識しておいてください。

事例で確認

　数十年前のペプシコーラは、アメリカでもコカ・コーラに水をあけられた二流メーカーと見られていました。コカ・コーラと戦うには、販売店への納入価格を下げ、価格勝負をするしかありませんでした。しかしこうした施策に頼らざるを得ないことは従業員の自信を奪い、現場でのモチベーションも低いものがありました。それは現場発のアイデア創出も阻害し、ますますコカ・コーラに水をあけられる結果になっていました（**図表17-3**）。

　ある時、ペプシコーラはこの悪循環を断ち切ろうと考えました。具体的には販売店に対する値上げを要求し、その分、広告投資などに回すとして彼らを説得したのです。

　最初はこの戦略に否定的な販売店も多かったのですが、実際にペプシコーラはコカ・コーラのオーソドックスな広告とは一味違う、挑戦的な広告をどんどんうっていきました。これは消費者に対する認知度やブランドイメージ、売上げを上げるだけではなく、従業員の自信を回復させ、モチベーションを上げることにもつながりました。その結果、現場からもさまざまなアイデアが出るようになり、それがさらに会社の業績に貢献するという好循環が生まれたのです。

システム思考 No.17

図表17-3 かつてのペプシコーラの悪循環

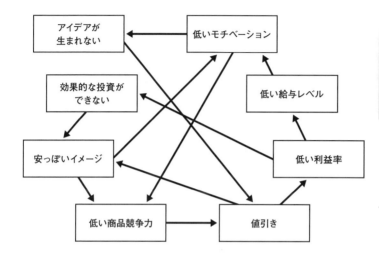

コツ・留意点

1 システム思考を難しくしている要因としていくつかのものがあります。まず、システムの要素の関係が線形ではなく、非線形であるという点があります。これは、要素間の影響度は単純な比例関係にはなく、ちょっとした原因が大きな結果を招くという可能性があるということです。また、システムをどこで線引きするかも実務的には大きな問題です。たとえば経済というシステムは一国内で完結することは難しく、世界経済全体との関係を理解する必要があります。しかし、それは現実には極めて難しいため、どこかで線引きをしなくてはなりません。ただ、それを適切に行うことは非常に難しく、結果として、思いがけないところから経済全体に大きな影響を与えるような事象が登場するのです。2000年代後半に世界を揺るがせたサブプライムローンなどもその一例と言えます。

2 タイムラグ（時間の遅れ）にも意識を払う必要があります。ある要素が別の要素に影響を与えるまでには一定の時間がかかります。それを見誤ると、本来効果的な施策を「結果が出ていない」などと判断してしまうのです。

3章

問題解決編

3章で学ぶこと

　本章では、問題点に対して効果的にそれを解決する思考法をご紹介します。これらは問題の発見や課題の設定にも活用できるものも多いのですが、便宜上、問題解決の思考法に分類しました。

　AND思考は安易なトレードオフ（片方を満たそうとすれば、もう一方を諦めなくてはならない）に逃げずに、二兎を追ったり一石二鳥を狙う考え方です。実現は容易ではありませんが、だからこそそれを実現した時にはブレークスルーなどにもつながり、大きな果実を得られるのです。

　アナロジー思考は非常に応用範囲の広い考え方ですが、やはり問題解決のシーンで大いに役に立ちます。人は多かれ少なかれこの思考法を用いているものです。どれだけ効果的なアナロジーを持ち、それをどのように活かすかにセンスが問われるところです。

　全体思考は本書の中でも最も難しい思考法と言えるでしょう。ある意味で要素還元的な科学的思考のアンチテーゼともいえる考え方ですが、物事の核心を押さえることができれば、当然、問題解決の効率は上がります。難しくはあるものの、ぜひ意識いただきたい思考法です。

　問題解決の効率や効果が上がることは、ビジネスの生産性を上げることとほぼ同意義です。生産性の低さが問題視される多くの日本企業にとっては、その意味でも非常に重要なポイントと言え

るでしょう。難しいものが多いですが、本章で紹介する考え方について も意識を向けていただければと思います。

18 AND思考

①安易にトレードオフに流されずに、物事を両立させながら問題解決を図っていこうという思考法。また、②一石二鳥の施策を積極的に講じる場合にもAND思考という場合がある。

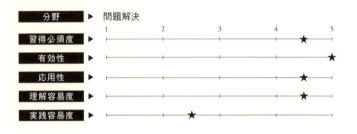

基礎を学ぶ

活用すべき場面

- 効果的な問題解決法を得る（①）
- ブレークスルーを生み出す（①）
- 競合を圧倒的に突き放す（①）
- 経営資源を有効に活用する（②）

考え方

まず、①の方ですが、一般に、物事にはトレードオフというものがあります。典型的なトレードオフとしては以下が挙げられます。

- コストを下げると品質が下がってしまう
- 納期を早めると品質が下がってしまう
- サービス業において大量供給をしようとすると質が下がってしまう

こうしたトレードオフをクリアすることは通常は難しいもので

AND思考 No.18

図表18-1 AND思考でトレードオフを打破する

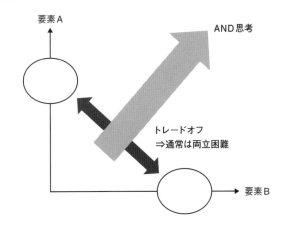

す。そこで、どちらかを優先させ、片方は少し優先順位を下げるということが一般的には行われています。

これは確かに合理的な考え方であり、通常はそれで間に合うことが多いですが、常にこのような考え方をしていては、なかなか競合に差をつけることができませんし、劇的な生産性向上も望めません。そこで、ここ一番という時には、一見トレードオフと考えられているものを同時並行で満たす方法をひねり出すということが必要になるのです。これが①の意味のAND思考です。

AND思考を行う際には、暗黙の前提を疑うことが重要です。これは4章第23項のゼロベース思考とも連関してきます。たとえば納期と品質のトレードオフであれば、「今のやり方が当たり前」という思い込みを捨てて現在の生産プロセスや品質管理のプロセス全体をリエンジニアリング等によって刷新する必要があるかもしれません。

②の一石二鳥を狙う AND 思考も有効です。たとえば、非常に多忙なサービス業のマーケティング責任者がいたとします。この例であれば、彼／彼女が、

- 顧客にとって新しいサービスのデリバリーを自らが行う
- そこでサービスのブラッシュアップをし、そのプロダクトに対する満足度が上がるようにする。マニュアルも自分で作り、規模化できるようにする
- 実際に自分のデリバリーで満足した顧客に別のサービスを提案する

といった方法が考えられます。忙しい人や、組織の中で希少価値でボトルネックになりがちな人ほど、こうした AND 思考をする必要性は上がります。

事例で確認

ここでは、トレードオフをうち破った例を紹介します。かつてプロフェッショナルなハイエンドサービスを提供するある業界では、「優秀な人材をたくさん育てるのは難しいから、採用を絞って質を維持するべきだ」という前提がありました。しかし、それでは確かにサービスレベルは維持できるものの、ビジネスがいつまでたっても伸びません。そこで、あるところで発想を変え、徹底的に採用・育成方法を見直すことで、人員を増やしました。

瞬間的には負荷は大きかったのですが、多様な視点を持つ人材が入ってきたことは、サービスの質を上げることにもつながりました。また、規模が大きくなり、知名度が増した結果、それまで以上に優秀な人材が入社を希望するようになりました。結果として、質を上げつつ、供給量の拡大にも成功したのです。

AND思考 No.18

図表18-2 AND思考で一石二鳥を狙う

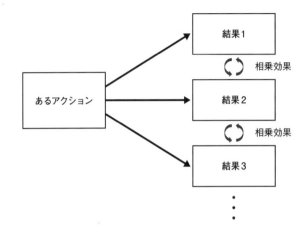

コツ・留意点

1 特に①のAND思考の阻害要因になるものとしては、経営資源が限定されていること以上に、従業員のメンタリティが相いれないということがあります。たとえばマイケル・ポーター教授が提唱するコスト・リーダーシップ戦略と差別化戦略も一種のトレードオフですが、これが両立できない理由の1つが、それぞれの戦略を実行する上でのメンタリティの違いです。極端に書くと、「とにかく規模を大きくしつつ、雑巾を絞るようにコストを下げよう」というメンタリティと、「分かる人が分かってくれればいい。コストは多少かかってもいいから、それ以上に顧客がお金を払いたくなる良いものを作ろう」というメンタリティはなかなか同じ組織内で両立しないのです。特に、一方の考え方が永く根付いた場合はその傾向が強くなります。AND思考は、単なるプロセス改善ではなく、意識改革をも要求する点にその難しさがあります。だからこそ、実現できると、大きな果実をもたらすのです。

2 ②のAND思考は比較的手をつけやすいと言えます。組織内でうまくいったケースなどを速やかに横展開していくと効果的です。

19 アナロジー思考

似たエッセンスを持つ事例からヒントを得、それを問題解決や他のメンバーへの説明に活かす思考方法。

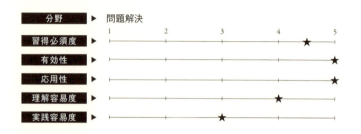

基礎を学ぶ

活用すべき場面
- 他の事例をベースに問題解決の効率化を図る
- 問題解決のヒントを得る
- 発明のヒントにする
- 他の人々に分かりやすく説明する

考え方

　人間は何かを考える時に、無意識に過去の経験や知識を参考にするものです。だからこそ有効になるのがアナロジー（類比）です。他の日本語で言えば「たとえ」や「比喩」あるいは「他の例で言うと」という言葉が分かりやすいでしょう。

　たとえば、飛行機という乗り物は、鳥の形状を参考に作られました。もし鳥という動物が存在しなければ、人間が現在の飛行機（本体の横に両翼がある）の形にたどり着くまでには、もっと時間がかかったでしょう。

アナロジー思考 No.19

図表19-1 アナロジー思考

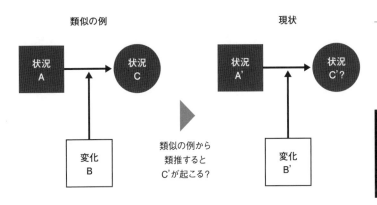

　あるいは、政治の世界は比較的難しい印象がありますが、突き詰めれば、派閥の話などは人間関係に帰着します。多少、他の人間関係とは異なりますが、「結局は義理と人情で決まる、任侠の世界と同じ」と言えばイメージもつきやすいでしょう。

　アナロジーとなる事例を知っていると、それを応用して問題解決に活かすことができます。これはベンチマーキング（優れた競合他社や優良企業のやり方にヒントを得ること）にも通じる考え方です。

　たとえばある企業は、昔、顧客の殺到に頭を悩ませ、価格を上げることでこれをコントロールしました。この事例を知っていると、供給力に悩む企業は、価格を上げることで需要のコントロールを行うことができるでしょう。

　単なる問題解決を越えた、製品開発にも活かすことが可能です。たとえばインクジェットプリンターのノズルの乾燥による詰まりを防ぐために、ヘッドクリーニングという手法が使われますが、これは人間の眼の乾燥防止（適宜涙で潤す）のメカニズムにヒントを得

たと言います。

　サイクロン掃除機は、吸引したゴミを圧縮する個所に、ネコ科の動物の舌の構造を模倣したトゲ状突起を多数設け、ゴミが再膨張しない形をとっています。くっつくと離れにくいオナモミの実の形状から、子ども用のシューズなどに応用されているマジックテープが生まれたのも有名でしょう。

　アナロジーは何かを他者に対して伝える時にも有効です。たとえば、筆者は企業で不適切なKPIを設定し人事考課に連動させた時に、人々の行動がどう変化するかの例として、スポーツの事例をよく用います。

　たとえば、もしサッカーというスポーツにおいて、選手の評価を「パス成功率」のみにしたら何が起こるでしょうか？　おそらく、得点につながるような（その代わりにパス成功率は低くなる）ギリギリのキラーパスを出そうとするインセンティブは失われ、得点にはつながらないような、意味のないパスを仲間同士で回すようになる可能性があります。これは架空のたとえではありますが、KPIの適切な設定と評価方法を意識づけるには有効なアナロジーなのです。

事例で確認

　有名な川柳に、「へぼ将棋、王より飛車を可愛がり」というものがあります。将棋は王様を取られると負けというゲームですが、初心者は、往々にして、最も攻撃力のある飛車という駒を必要以上に大事にしてしまうのです。

　部下の指導の際、「君は王様よりも飛車の方を大事にするね」などと指摘すれば、部下は優先順位の付け方に問題があることに気が付きやすくなるでしょう。もちろん事例は、相手の分かりやすいものに適宜変えていくと有効です。

アナロジー思考 No.19

図表19-2 適切なアナロジーを用いる

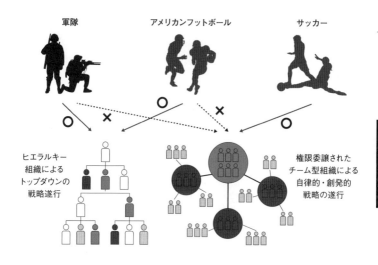

コツ・留意点

1. アナロジー思考では、適切なアナロジーの選択が大事です（図表19-2）。企業経営のあり方を考える際にスポーツチームの事例を参考にするなどは比較的有効です。一方で、不適切なアナロジーもあります、その最も代表的な例は、国債を家計に例える例でしょう。よく「国債を家計に例えると、1人当たり○○万円の借金」などと言いますが、これは適切ではありません。国債は個人の借金ではなく、あくまで国の借金だからです。しかも、国債を買っているのは国内の銀行が多く、その資産は結局は国民の預金です。こうした点を考慮に入れると、国債の例を個人の借金のたとえとするのはちょっと無理な部分があります。アナロジーが、本当に実態を反映した適切なアナロジーなのかは注意すべきと言えるでしょう。

2. アナロジー思考を問題解決に結びつける際には、しばしば発想の飛躍を要します。グラハム・ベルは、鼓膜の構造（小さな骨と鼓膜という大きな膜）から電話のヒントを得たということですが、これは凡人には簡単には真似できません。表層的な部分だけではなく、その本質的な関係性にも迫ることが、ブレークスルーを生み出すヒントになるのです。

20 全体思考

全体を部分に細切れにブレークダウンしていくのではなく、全体を包括的(Holistic)に捉え、問題解決に活かそうという思考法。

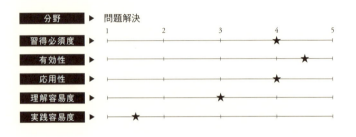

基礎を学ぶ

活用すべき場面
- 問題解決の急所となるポイントを知る
- 問題が大事になる前に食い止める
- 新しいビジネスを構想する

考え方

1章で説明してきたクリティカル・シンキングの考え方を用いた分析的な問題解決方法、特に「What(あるべき姿とのギャップは何か) – Where(どこに問題があるか) – Why(なぜその問題が生じたのか) – How(とるべき施策は何か)」というステップを踏んだ問題解決方法は、一定の効果があることが経験的にも確認されています。

この方法は、要素還元的な部分が大です(特に、WhereとWhyの部分)。その背景には、西洋科学の思考があるからです。

分析的な問題解決方法は、再現性高く効果を出すことが可能とな

全体思考 No.20

図表20-1 全体思考の考え方

要素還元的発想

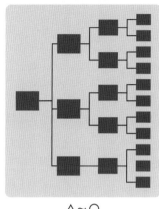

△〜○

全体思考的発想

全体を
ホーリスティックに見、
核（肝）となる
部分を抽出する

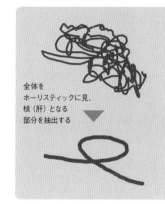

あたれば◎

ります。再現性が高いということは、教育もしやすく、学習も比較的しやすいということです（なお、これはあくまで全体思考に対して「比較的」ということであり、現実にこの問題解決法をマスターできる人間は、必ずしも多くはありません）。

このようなメリットのある分析的な問題解決方法ですが、一方で、往々にしてその解決方法がありきたりのものになるということがあります。確かに人には説明しやすく、また一定の効果はあるのですが、平板になりがちということです。

その対極にあるのが全体思考による問題解決です。これは西洋的な要素還元主義のアンチテーゼとも言えるもので、全体をあるがままに見、その急所となるポイントを押さえ、対策を講じるという考え方です。カリスマ経営者などが得意とする発想法です。

なぜ要素還元的な分析手法ではいけないかと言うと、組織は必ずしも要素の集合体ではないからです。たとえば「組織は生き物」とも言われる通り、組織にも感情に近いものがありますが、これは切

り分けて分析できるものではないのです。全体をシステムとして見るシステム思考（2章第17項）に近い考え方とも言えますが、システム思考も、やや要素還元的な思考が入っています。全体思考は、それ以上に全体を全体として眺めるということを強調します。

全体思考で重視されるのは、分析ではなく、本質をえぐり出す直観です。その意味で、全体思考は直観思考とも言えます。これが全体思考の強みでもあり弱みでもあります。直観というものは教えたり学習したりすることが極めて難しいからです。

直観が正しければ、非常に効果的で人々がワクワクするような問題解決方法（あるいは戦略やビジョン）に結びつきますが、そうした直観を持てる人間は極めて少ないのです。

ただ、このように難しい全体思考ではありますが、その足腰を鍛えることはある程度はできます。全体思考の重要性を説かれている山本真司氏は、著書『実力派たちの成長戦略』において、そのヒントとして「イメージ」を持つことを指摘されています。現場の感覚を徹底的に掴んだ上で、それらをつなげ、頭の中で操作してみるのです。また、過去の経験などからイメージのアーカイブを持っておくことも有効とのことです。

事例で確認

山本氏は、イメージのアーカイブを増やす方法として、とにかくさまざまな経験をするとされています。さまざまな場に出かけて新しいものを見ることがイメージのアーカイブを豊かにするのです。

これは筆者も感じるところですが、優秀なコンサルタントは、もちろん論理思考も優れていますが、こうしたイメージの「引き出し」をたくさん持っているものです（図表20-2）。それを参考にしながら問題解決を行ったり戦略立案を行うことで、人の心に火を点けることにも成功しているのです。

全体思考 No.20

図表20-2 イメージの引き出し

好循環のイメージ

質的ジャンプのイメージ

「裸の王様」のイメージ

ギリギリでつながっているイメージ

注：実際にはもっと複雑なイメージが多いが、ここでは単純化して示した

コツ・留意点

1. 全体思考は確かにパワフルではあるのですが、ほとんどの人にとってこれを身につけるのは至難の業です。本書の中でも最も難しい思考法と言えるでしょう。その意味で言えば、多くの人にとっては、「What‐Where‐Why‐How」の分析的問題解決方法を先に身につける方が実現確率も高く、効果的かもしれません。ただし、本文中にも書きましたが、「比較的容易」というのは全体思考に比しての話であり、実際には、特に「What」の部分と「How」の部分に創造性が求められるため、これも容易ではないという点は理解しておく必要があります。

2. 全体思考は本を読んで一朝一夕に身につくものではありません。そこで必要になるのが優れた師匠です。コンサルティングファームのような密な徒弟制度的コーチングは難しいとしても、全体思考を身につけていると思われる人間がいたら、彼／彼女にイメージの持ち方や、日常の習慣などを聞いてみるといいでしょう。課題を出してもらいフィードバックをもらうのも有効です。ただし、全体思考は直観的に行われていることが多いので、彼／彼女がそれを言語化して伝えられるかどうかはまた別問題という点は理解しておきましょう。

4章

クリエーション編

4章で学ぶこと

　本章では、ビジネスクリエーション、すなわち何かを生み出す思考方法についてご紹介します。

　まず**クリエイティブ・シンキング**ですが、これは本章の総論に当たるものとも言え、いかにクリエイティブに考えるか、そのヒントを提供するものです。

　水平思考はその中でも非常に著名な思考方法であり、約50年前に提唱されました。現在でも世界中で応用がなされている思考術でもあり、その有用性は折り紙つきです。**ゼロベース思考**は文字通りゼロベースで前提を疑いながら考えていこうということであり、水平思考の1要素とも言えます。

　IF思考は「もしこうなら」を考える思考であり、これも既存の前提を疑うものです。6章で紹介する思考実験とも関連する考え方です。

　プロヴォカティブ・シンキングは難しい挑戦的な目標から逆算していく発想法です。最終的にはゼロベース思考など、他の思考法を促す考え方とも言えます。

　ずらし思考はいくつかの意味合いを持つ方法論ですが、これも視点を変えることや、何かを他に転用するといった意味で水平思考の考え方を応用しています。トヨタ自動車などでも推奨されている考え方です。

壮大なビジョンを自ら作ろうと考えるのが**ビジョナリー思考**です。特に起業家などには強く求められる思考と言えるでしょう。

　マインドマップは思考法というよりも具体的なツールといった方が正確かもしれません。一見単純なように見えて、さまざまな効用を持つ方法論であり、これも世界中でいろいろな場面で用いられています。

　最後の**デザイン思考**は多少色合いが異なっており、純粋に新しいものを創造する思考法というよりは、デザイナー的な視点からビジネスにつながる価値創造を行おうという考え方です。21世紀になってから非常に注目を浴びるようになりました。デザインを重視しているアップルやIDEOの成功からも想像されるように、うまく活用すると、通常のビジネスパーソンには思いつかなかったような価値を生み出します。

　言うまでもなく、現代のビジネスシーンで求められているのは、他者が容易に思いつかないようなユニークなアイデアです。皆がすぐに思いつくようなアイデアを出しても、なかなか価値にも競争優位にもつながりません。

　クリエーションは一部の天才にのみ開かれた領域では決してありません。ぜひこうした考え方を理解し、新しい価値創出のヒントにしていただければと思います。

21 クリエイティブ・シンキング

枠組みにとらわれず、自由な発想を行い、アイデアを出していこうとする思考法。ロジカル・シンキングと対比されることが多い。

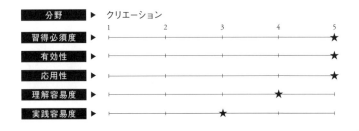

基礎を学ぶ

活用すべき場面

- 既存の常識にとらわれずに、それまでにない新商品を生み出したり、物事のやり方を変える
- 全く新しい価値創造を行うことで、それまでの競争ルールを変革したり、ベンチャー事業を創出する
- 圧倒的に生産性を向上させる
- 通常の発想では問題解決の方策が見えない時に、それをひねり出す

考え方

　クリエイティブ・シンキングは文字通り創造的な思考法のことで、しばしば論理的思考法、ロジカル・シンキング（あるいは狭義のクリティカル・シンキング）と対比されます。

　本章で紹介する他の思考法の多くはこのクリエイティブ・シンキングの1つの方法論であるものも多く、それだけ広い概念であるとも言えます。

クリエイティブ・シンキング No.21

図表21-1 クリエイティブ・シンキングとロジカル・シンキングの対比

クリエイティブ・シンキング	ロジカル・シンキング
発散的	収束的
水平的	垂直的
感性重視	思考重視
イメージ重視	ロゴス重視
統合的	分析的
革新重視	改善重視

　クリエイティブ・シンキングが重視されるようになってきた背景には、行きすぎた論理思考重視があります。論理思考は確かに物事の分析などには有効であり、誰でも一定の成果を生み出せるという点では有効な考え方と言えます。一方で、往々にしてそこから出てくるアイデアはややありきたりなものが多く、革新的なイノベーションなどにつながらないという弱点があります（このあたりの話は、3章第20項の全体思考で書いた内容とも重なります）。

　たとえば、どれだけロジカルに考えたとしても、スティーブ・ジョブズが生み出した iPod や iPhone のような革新的な新商品を世に送り出すことは不可能でしょう。ある調査によれば、1990年代以降、アメリカで生み出された富の多くは、シリコンバレー発のベンチャー企業が主導した創造的な製品・サービスによるものとのことです。

　論理的に考えることは大事ではあるものの、それだけでは新しい富を創出したり、今日に勝ち残れないとの考え方が、20世紀の後

半頃からビジネスにおいても大きなテーマとなってきたのです。

さて、クリエイティブ・シンキングの特徴をロジカル・シンキングと対比させると**図表21-1**のようになります。これらを簡単に紹介しましょう。

①発散的 vs. 収束的

ロジカル・シンキングでは数ある候補の中から最も効果的なものを分析的に絞り込んでいくことが必要とされますが、クリエイティブ・シンキングでは、まずはたくさんの候補を常識に縛られずどんどん出していくことが要求されます。質以上に量や多様性をまず重視すると言うこともできるでしょう。

②水平的 vs. 垂直的

本章の次項でまさに水平思考について解説します。水平思考とは、既成の理論や概念にとらわれず、自由に物事を発想することです。垂直思考はその逆に、論理的に物事をギリギリと詰めていくような発想法です。

③感性重視 vs. 思考重視

もちろん、クリエイティブ・シンキングも「シンキング」と付く以上は「考える」という要素はあるのですが、それ以上に重視されるのは「感じる(フィールする)」という感覚です。ワクワクすることを感じ取る、世の中の大きな潮流を感じ取るなど、フィールすることに重きが置かれます。

④イメージ重視 vs. ロゴス重視

ロゴスとはギリシャ哲学に端を発する言葉で「言語、論理、真理」などを意味します。ロジカルに語られたものとも言えます。ロジカル・シンキングを行う上で、言葉や数字の定義をしっかりしようと

図表21-2 クリエイティブ・シンキングを促進するもの

- 典型的な方法論（考え方）を知る

- マインドセットを変える

- 環境を整える
  - 組織的環境（会議やコミュニケーションのあり方や、評価の仕組みなど）
  - 物理的環境（職場のレイアウトなど）

- 人の頭を借りる

いうのは、まさにロゴス重視の考え方です。

一方、クリエイティブ・シンキングではイメージを非常に重視します（3章第20項の全体思考も参考のこと）。ロゴスでは説明のつきにくい部分をイメージとして捉える、あるいはイメージを重ね合わせたり組み合わせたりすることで新たにイメージを発展させることが重視されます。

⑤統合的 vs. 分析的

彫刻にたとえると、ロジカル・シンキングはその彫刻がなぜ美しく感じられるのかを説明するのに対し、クリエイティブ・シンキングでは、彫刻そのものを作り出していきます。

⑥革新重視 vs. 改善重視

よく演習で、「もしコストを3分の1に下げろと言われたら何をする？」と問うことがあります。これがもし「30％のコスト低減」

であれば、改善を積み重ねれば不可能な数字ではありません。しかし、3分の1への低減は、まさにイノベーティブな発想が必要になります。クリエイティブ・シンキングでは、通常の発想法では実現不可能なレベルの成果が期待できます。

では、クリエイティブ・シンキングをさらに効果的にするにはどのような条件が必要でしょうか？　**図表21-2**にいくつかのものをまとめました。

最初の典型的な方法論については次項以降順次紹介しますが、ここでは特にマインドセットについて説明します(それ以外のものは、「コツ・留意点」を参照してください)。ポイントは、突き詰めれば頭の力を抜き、柔らかくすることです。そのためには、**図表21-3**に示したようなことを自問したり、お互いに言いあったり、その姿勢を尊重することが大事です。

事例で確認

クリエイティブな組織が多いシリコンバレー企業の中でもコンスタントに評判が高いのがグーグル（アルファベット）です。同社のエリック・シュミット会長は、著書『How Google Works』やさまざまなセミナーの中でその秘訣について触れています。

彼が主張しているのは、まさに本文中に書いてきたことや、**図表21-2**に示した事柄です。たとえば「10％の改善ではなく、10倍の効果を狙う」といったスマート・クリエイティブな発想の重視。そしてそれを実現できるような人材を採用する同社の工夫や、若手にチャンスを与える人事評価制度、会議等の運営ルールなどです。これらがグーグルの魅力的な経営理念・ビジョンと相まって、極めてクリエイティブな集団が生まれたのです。

クリエイティブ・シンキング No.21

図表21-3 クリエイティブ・シンキングを促す言葉

楽しい？
気持ちいい？
面白い？
ワクワクする？

いいね、いいね！
凄いね！

そんなルール気にしない！
何でもあり！
だったらこれもありだよね！
面白いね。他に何がある？
どんなイメージ？

これとこれ
組み合わせられるよね！

コツ・留意点

1 クリエイティブ・シンキングでは、自分ひとりで悶々と考えるのではなく、他人の頭を借りることを奨励します。その最も分かりやすい方法はブレーンストーミング（ブレスト）です。ブレストの効果については実は多様な角度からの研究もあるのですが、一般の組織であれば、適切にこれを行うことは、「量」を生み出したり、それまでの枠にとらわれないアイデアを生み出す上で非常に有効です。基本的なルールとして、「『それって無理だよ』とは言わない」「ヒトのアイデアに乗って自分もアイデアを出す」「組織のヒエラルキーを持ちこまず、若い人間のアイデアを大事にする」などは非常に重要です。

2 図表21-2では環境要因として組織的な制度についても触れましたが、これは通常のマネジャーやビジネスパーソンが急に変えられるものではありません。しかし、ちょっとした職場環境や物理的な環境であれば、そうした若い人々でも多少の工夫で何とかなるものもあります。たとえば、さりげない雑談から生まれてくるアイデアに宝が潜んでいることは多いものです。それを促す時間やスペースを設けたり、交流を推奨するだけでも、生産性は上がるのです。

22 水平思考

それまでのものの見方や概念にとらわれずアイデアを生み出す思考法。エドワード・デボノが1967年に提唱した。英語ではラテラル・シンキングと呼ばれる。

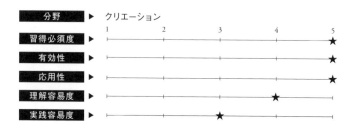

基礎を学ぶ

活用すべき場面

- 一見、にっちもさっちもいかない袋小路の問題を解決するヒントを得る
- 何かを組み合せることによってアイデアを得、新商品開発などに活かす
- 採用などで頭の柔らかさを知るためのテストに用いる

考え方

水平思考は、クリエイティブ・シンキングの中でも古典的かつ重要な発想法です。1967年に水平思考（ラテラル・シンキング）と名付けられ、その後、それを利用したさまざまなツールなども提唱されました。

水平思考のポイントはいくつかありますが、まとめると**図表22-1**のようになるでしょう。

このうち、「前提を疑う」については次項のゼロベース思考と重

水平思考 No.22

図表22-1 水平思考の要素

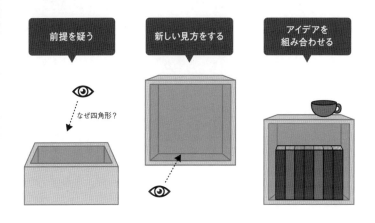

なる部分が大きいので、ここでは主に新しい視点で見るという話と、組み合わせるという話について解説します。

まず、新しい視点ということについては、以下の有名なクイズについて考えてみてください。
「あなたは、A山の頂上から見た空の写生という宿題を与えられました。そして朝から1時間かけてA山の頂上に登り、写生の準備をしました。幸いに天気もよく、青い空が広がっていました。しかし、残念なことに、ちょうど青の絵の具が切れていました。その山は滅多に人が登ってくる場所ではありません。しかも、あなたは少しだけ足を怪我しており、もう一度登る気力はありません。何とか手持ちの絵の具だけで空の絵を描き切るしかない状況です。さて、どうすべきでしょうか？」

答えは、夕方まで待って赤い空を描く（もしくは夜まで待って夜空を描く）です。おそらく、絵の具以外の青いもので空を描くこと

を考えられた方が多いと思いますが、少し視点を変えれば、青がないのだから青色でない空を描けばいいという発想に気が付きます（これは、写生にそんなに時間はかけないという常識を疑ったと見ることもできます）。

　人間はどうしてもある視点にとらわれがちですが、少し見方を変えると実はいろいろな問題解決法があるのです。

「組み合わせる」も水平思考の有名な発想法です。この時、多少強引に何かを組み合わせてみると有効です。たとえばたまたま読んだ雑誌から、目を閉じて１つ単語を指さします。自分の扱っている商品と、その単語が結びつかないかを考えるのです。

　たとえば、出版社にいる人が「海水浴」という言葉を引き当てたなら、海で読んでも濡れない紙の本を作ろうとか、本を濡らさないための巾着風の水よけを作るなどです。

　なお、ブレーンストーミングの発案者でもあるアレックス・オズボーンが提唱したチェックリストを改変したものに、SCAMPERと呼ばれる思考ツールがあります（**図表22-2**。「組み合わせる」はその１つです）。これも水平思考の有名ツールとしてよく用いられています。

事例で確認

　SCAMPER的発想を用いて革新的な手法が生まれた例にPCR法というDNA増幅方法があります。近年の遺伝子研究において欠くことのできない手法ですが、これは元々温泉に住む好熱菌の酵素を別の用途に用いたものです。多くの人は「珍しい生物もいるものだな」としか感じなかったわけですが、この発明によりノーベル化学賞を受賞したキャリー・マリスは、その酵素を使えば、超高速でDNAのコピーを増やせることに気が付いたのです。

水平思考 No.22

図表22-2 水平思考のためのツール：SCAMPER

Substitute	入れ換えたら？
Combine	結びつけたら？
Adapt	応用させたら？
Modify	修正したら？
Put to other purposes	他の目的に使用したら？
Eliminate	除いたら？
Rearrange/Reverse	並べ替えたら？／逆にしたら？

コツ・留意点

1 一般の人が水平思考を強化する手っ取り早い方法はSCAMPERのようなフレームワークを用いることです。しかし、本来、水平思考を含むクリエイティブ・シンキングはフレームワークに頼らない自由な発想を重視するものですから、過度にそうしたフレームワークに頼ることは、短期的には効果が出たとしても、長い目で見ると必ずしもクリエイティブ・シンキング向上にはつながっていきません。やはり、常日頃から図表22-1に示した点について自問するのがいいでしょう。また、究極には頭を柔らかくすることが必要ですから、水平思考を扱った問題集を解いてみたり、倒叙式の小説などを読んでみるのも効果的です。なお、かつてベストセラーになった多湖輝氏の『頭の体操シリーズ』は、まさに水平思考を向上させることを謳っています。

2 水平思考は2章で紹介した複眼思考と強く連関していますし、水平思考をうまく使えば同じく2章の論点思考に活かすこともできます。水平思考に限りませんが、クリエイティブ・シンキングの発想は、どこかで問題発見、解決の思考法と相乗効果を発揮する点も意識しておきたいものです。

23 ゼロベース思考

既存の前提や常識にとらわれず、物事をゼロベースで考えていこうという思考方法。水平思考の要素とも言える。

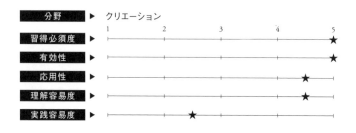

基礎を学ぶ

活用すべき場面
- 一見、袋小路の問題を解決するヒントを得る
- トレードオフを解消する
- 極めてユニークな商品開発や事業開発などを行う

考え方

　人間である以上、何事にも常識というものを持っているものです。常識を持つことでそのコミュニティに溶け込むことが容易になりますし、それ以上に思考のショートカットを図ることができるからです。たとえば、多くのビジネスパーソンは雨の日には無意識に傘を持って出かけます。「雨の日に傘をささないと濡れてしまう」「体を濡らしてしまうと気持ち悪いし風邪などをひきやすくなる」ということを常識として知っているからです。これを毎回雨が降るたびにゼロベースで考えていたのでは時間が足りません。これが常識の効用です。

ゼロベース思考 No.23

図表23-1 ゼロベース思考で常識を打ち破る

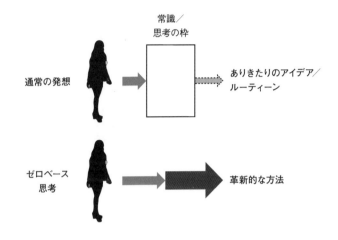

一方で常識は、ビジネスの場面では創造的なアイデアを妨げる原因となることもあります。

たとえばQBハウスという1000円カット（当時）の理髪店が登場する前は、多くの人間（特に大人の男性）にとっては、「床屋に行ったら、カットだけではなく、髭を剃ったり、洗髪したり、コロンを振り掛けてもらうのは当たり前」でした。その常識を打破し、徹底的にカットだけに絞り込むことでQBハウス（運営会社はキュービーネット）は急拡大していったのです。

このように、常識を打ち破ることで生まれたビジネスは枚挙にいとまがありません。たとえばミツカンが出した「匂わない納豆」や「手の汚れないパッケージの納豆」は、「納豆というものはそもそも匂うものであり、食べる際に手が多少汚れるのも仕方がない」というそれまでの常識を疑うところから生まれた製品です。

あるいは話題を呼んだアマゾンの「お坊さん便」も、「宗教行事は神聖なものであり、僧侶の派遣なんてありえない」という常識を打

ち破ったサービスと言えます。

　後で考えれば、日本の世俗化した葬式仏教の現実を考えると、別に派遣でもいいという理屈は分かるのですが、まさにコロンブスの卵で、誰かがそれを始めるまでは多くの人は気が付かないのです。

　ゼロベース思考を促進するヒントとしては**図表23-2**に挙げたようなものがあります。どれも重要な要素ですが、ビジネスパーソンとしては、いつもゼロベースで考えるのは大変なので、何かの折にこのリストを見直し、ヒントが得られないか考えてみるといいでしょう。

事例で確認

　2016年の夏に大ヒットした映画『シン・ゴジラ』はそれまでの「日本で当たる邦画の常識」をいくつも破りました。具体的には、

- 恋愛や家族愛の要素は入れない
- バリバリのアイドルは使わない
- 聞き取れないくらいの早口のシーンがある。しかも専門用語が多い（例：政治家役が「金帰火来で（東京を離れていて）助かった」というセリフがありますが、聞き取れた人はかなり少数のはずです）
- 字幕に漢字が多い
- テレビCMなどはあまり行わず、口コミで地道に観客を増やす

などです。これは、通常、「怪獣映画」が子どもや若者を大きなターゲットとしていることを考えるとなおさら常識破りと言えるでしょう。一見非常識なことも、徹底して重要なポイントに絞り込むと、人々の心を捉えうる好例と言えるかもしれません。

ゼロベース思考 No.23

図表23-2 ゼロベース思考を促進する

①過去の成功体験をいったん忘れる。新参者の視点で物事を見る

②ユニークな例外に着目する

③「なぜこうなっているのか？」をあえて考えてみる

④自分の思考の癖を客観的に見直す／指摘してもらう

⑤ありのままに物事を観察する

⑥ちょっとした不便や不満、非合理を見逃さない

⑦課題から発想する

⑧「できない理由」ではなく、「どうすればできるか」をまず考える

⑨極端な逆張りのやり方が機能しないか考えてみる

コツ・留意点

1 本章第21項の図表21-1にはあえて書きませんでしたが、人によってはクリエイティブ・シンキングの重要な要素に「子ども心に戻る」ことを挙げる人がいます。実はこれは、図表23-2に示した、「新参者の視点で物事を見る」という思考にも通じる考え方です。通常、多くの常識は、人が成長していく中で、多少不便を感じていたとしても、「まあこんなものだ。仕方ない」と受け入れるようになったものが多いからです。子どもの頃、大人に「なぜ？」と聞いて困らせたことがある方も多いでしょう。その純粋な「なぜ？」をもう一度思い出すと、ビジネスチャンスにつながる可能性があるのです。

2 子どもとまで行かずとも、若い人の視点を入れるのも有効です。たとえば電子書籍は、オリジナルの書籍が縦書きだと、基本的に縦書きになることが多いものです。多くの大人にとってはそちらの方が読みやすいですし、コストも抑えられるという常識があるからです。しかし、スマホに慣れた若い人にとっては、小さい画面で縦書きの文章を読むのはかなり苦痛だという人も少なくありません。そうしたところにもヒントは落ちているかもしれないのです。

24 IF思考

「もし○○という条件がなかったら」あるいは「もし△△だったら」など、「IF」の世界を想像することで、新しいやり方などを生み出そうという思考法。

基礎を学ぶ

活用すべき場面
- 新しいビジネスチャンスを見出す
- 多面的なものの見方をすることで Win-Win の解決法を導き出すヒントにする
- シミュレーションを行うことで、経験値を増やす
- 思考実験により、あるべき世界を描く

考え方

「もし○○だったら」という考え方は非常に応用性の高い発想法です。

たとえば「もし○○業界に規制がなかったらどうなるか?」「もし日本でも9月入学が実施されたら何が起こるか?」などを頭の中でシミュレートすると、さまざまな人々の不満や満たされないニーズを思いつくはずです。それらを満たすような製品やビジネスをいくつも考えれば、その中に当たるものが出てくる可能性が高まります。

IF思考 No.24

図表24-1 IF思考の効用

- 事業機会の発見
- 事業革新
- 劇的なオペレーション改善
- 最適解の発見
- 人間の本質理解
- 自身の能力向上
- クリエイティブ思考と論理思考の強化
- （単純化による）本質の見極め　など

　たとえば現在、宇宙関係のベンチャービジネスがアメリカを中心にたくさん起こっていますが、これらは「もし宇宙にヒトやモノを送るコストが数分の1になれば」といったIFに基づいているとも言え、それを前提にビジネスモデルを組み立てているとも言えます。バイオベンチャーが、「もし遺伝子の解析コストがもっと劇的に下がればどうなるか」を考え、新しい用途を検討しているのも同様です。

　IF思考は2章第15項で解説した複眼思考とも連関してきます。たとえば交渉などにおいて「自分が彼／彼女の立場ならどう考えるだろう」という発想を強制的にしてみることで、独りよがりではない妥結点に結びつくかもしれないのです。

　1章第3項で紹介した思考実験「無知のベール」も、「もし自分があらゆる人の立場になりうるとしたら」というIFを考えた思考方法とも言えます。

　あえて制約を置いてみるのも、面白い効果をもたらすことがあります。たとえば、「仮に銀行借り入れが現在の半分までしかできな

いとしたら」という制約条件を強引に考えてみると、「とにかく内部留保を増やすべく、収益性を上げなくてはならない」「ワーキングキャピタルを減らすために、なるべく在庫を持たなくてもいいような、あるいは早期にキャッシュ化できるようなビジネスモデルを考案する必要がある」などの方向性が出てきます。そしてそれをどうしたら実現できるかを考えていくと、非常にユニークなアイデアが出てくる可能性があるのです。

「もし予算が3分の1しか使えなかったら何をするか？」という質問は、優先順位を明確化することにもつながる可能性があります。なまじ予算があるがゆえにあれもこれもやろうとするのが人間です。そこであえてこの質問を投げかけることで、最も優先順位が高いものが何なのかを関係者に意識してもらうことが可能になるのです。

事例で確認

IF思考を提供価値の1つとして取り入れ成功しているのが、ハーバード・ビジネススクールなどで用いられているケースメソッドという教育手法です。グロービスが中心に据えている手法でもあります。

ケースメソッドでは、基本的に「あなたがもしこの企業の主人公だったら何をするか？」ということを問いかけます。ケースのシチュエーションについて分析をするのはもちろんのこと、その上で、自分なりに考えを組み立て、経営者やリーダーとして何をすべきかを考えるのです。

人間を大きく育てるには「修羅場体験」とでもいうべきハードな状況を乗り切った経験が必要ですが、それを実際に積むのは容易ではありません。そこで、ケースメソッドでは、それを疑似体験として経験させることでリーダー育成をするのです。

IF 思考 No.24

図表24-2 IF 思考そのものを目的化しない

漫然としたIF思考

もし○○が
△△だったら

もしあの時
□□だったら

好ましくない行動／結果

何も行動につながらない思考実験
「空想ごっこ」
過剰な後悔
時間の浪費

コツ・留意点

1 IF思考は非常に応用範囲が広いという特徴があります。それゆえ、漫然とIFを考えるのではなく、目的を明確に持った上でIFを考える必要性があります。自分自身の思考の枠を打ち破るのか、それとも複眼思考を強化するために用いるのか。あるいは未来のありうる姿を描くことで、ビジネスチャンスの発見やリスクヘッジのヒントとするのか。あるいは部下に質問を投げかけ、気づきを与えるコーチングのために用いるのか。慣れてくれば自然に使いこなせるようになってくるものですが、まずは目的を意識しながら使ってみてください。

2 IF思考は思考実験（6章参照）としても面白いため、往々にしてさまざまなIFを考え、考えること自体を楽しむ傾向があります。もちろん、そうした行為もいつかは結果に結びつくかもしれませんし、頭を柔らかくする効用も否定できません。しかし、思考方法はそれ自体が目的ではなく、やはり手段と考えるべきです。上記の目的や求める効用を意識した上で、IF思考で考えること自身が目的化していないか確認することが必要です（図表24-2）。また、「もしこうならいいのに」といった妄想だけにふけることは避けるのが賢明です。

25 プロヴォカティブ・シンキング

「たぶんできる。そのためには……」と考える発想法。プロヴォカティブ（provocative）の元々の意味は「挑発的」など。

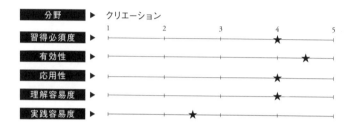

基礎を学ぶ

活用すべき場面
- ブレークスルーを生み出す
- 人真似ではなく、独自性の高い製品開発や事業開発を行うための心構えとする

考え方
「プロヴォカティブ」という言葉の元々の意味は「挑発的」ですが、プロヴォカティブ・シンキングという場合には、「面白がって新しいものをどんどん考えていく」といった意味合いが含まれます。書籍としては、元マッキンゼーディレクターの山梨広一氏が同名の書籍で紹介しています。

ポイントは、何かテーマや問題があった時に、いきなり「できない」と考えるのではなく、まずはいったんストレッチした目標を置き、どうすればそれが実現できるかを、好奇心を持ちながらワクワクした気持ちで考えるという点です。ワクワクとした気持ちで考え

プロヴォカティブ・シンキング No.25

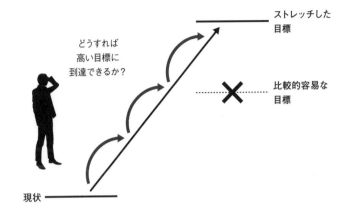

図表25-1 プロヴォカティブ・シンキング

るからこそさまざまなアイデアが出てくるという点が重要です。

ただし、他のクリエイティブ・シンキング系の思考法と異なるのは、論理思考も非常に重視している点です。これはロジックを重視するコンサルティングファームならではとも言えます。「すべての人間がクリエイティブになる必要はないし、現実にも無理だ」と割り切った上で、しかしワクワクと楽しみながら考えないと良いアイデアは出てこないという意味合いが強いのです。その意味で、思考の技術以上にマインドセットの意味合いが強いとも言えます。

ただし本項では、以降は「たぶんできる。そのためには……」の思考の技術の部分に重点を置いて解説したいと思います。多くの人ができておらず、かつ現在の日本に求められている革新的な事業開発などに役に立つからです。

まず、目標設定については、最初は高く持つことが大事です。たとえば価格を3分の1にする、リードタイムを3分の1に減らすなどです（前項のIF思考も参照）。

次にそれをクリアする方法ですが、高い目標は、自ずと本章でこれまでに紹介した水平思考やゼロベース思考なども要請することになります。それまでの常識やものの見方にとらわれていては、通常これは実現できないからです。すでに述べたように、可能であれば多くの人間のアイデアを集めることも有効です。

その上で、どうしても目標が達成できないようなら、より現実的なレベルにまで下げていけばいいのです。また、一見高い目標を掲げたようで、予想以上に簡単に実現できた場合は、最初に立てた目標が実は低かったという可能性があります。

高すぎもせず低すぎもしない目標の設定は難しく、その方法論があるわけでもありません。しかし、意識としてはストレッチすれば届くギリギリの目標設定を考えたいものです。人類を月に送るというアポロ計画などは、こうした要件も満たし、関係者のワクワク感も醸成したという意味で、巧みな目標設定だったと言えるでしょう。

事例で確認

1990年代のユニクロは、それまでの衣類の価格を一気に半分以下に下げました。もちろん、ギャップなどの先行事例も参考にはしたのですが、ありきたりの方法では実現できません。しかし柳井正社長は高い目標を下げませんでした。そして「卸の中抜きによるSPA方式」「中国での生産」「大量生産、大量販売による規模の経済性の実現。そのためのノンエイジ、ユニセックス、ベーシックカジュアル」などを組み合わせることで、当初の高い目標を実現したのです。

この過程でどこまで柳井社長や関係者が楽しみながら物事を考えたかは不明ですが、プロヴォカティブ・シンキングの重要な要素である「たぶんできる。そのためには……」の発想法を用いたことが、イノベーティブな事業開発につながったことが想像されます。

プロヴォカティブ・シンキング No.25

図表25-2 創造性につながるシチュエーション例

動機	環境	知識／仲間
・何かを創造したい ・周りから認められたい ・信念を実現したい	・一人の邪魔をされない空間／時間	一人で徹底的にインプットし、思考投入する
・面白いことをしたい ・世の中を驚かせたい ・仲間と楽しみたい	・自由な発言機会 ・日常業務を離れる	多様な知識や経験を持った人々が集まる
・急いで問題解決したい	・自由な発言機会	多様な知識や経験を持った人々が集まる

コツ・留意点

1 プロヴォカティブ・シンキングの、楽しさやワクワク感を重視する考え方は、生理学的に言えば、ドーパミンの量を増やし、やる気やモチベーションを高め、それが結局はクリエイティブな解につながるという考え方です。これは他のクリエイティブ・シンキングの手法とも概ね共通します。一方で、それだけが創造性を刺激するわけではありません。切羽詰まってアドレナリンが大量に放出される状況も、時としてクリエイティブなアイデアを生み出すことがあります。たとえば『アポロ13号』という映画の中に、緊急事態を乗り切るために、短時間で皆がアイデアを出し合い、問題解決をするシーンが出てきますがそれがその典型です。それ以外のさまざまな状況も、別の作用機構で創造性を刺激することが知られています。何事もメリハリですので、マネジャーとしてはさまざまなパターンがあることを意識しておきたいものです（図表25-2）。

2 実務的には、到達しえない目標の設定は時間の無駄につながりますから、重要度の低い問題については、過度にストレッチした目標を置く必要はありません。ここ一番というシーンでストレッチした目標を置くことが大切です。

26 ずらし思考

①視点、ものの見方を変える思考法。②あるノウハウや知見を異なるビジネスなどに応用する思考法。

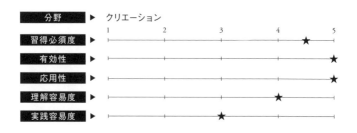

分野	▶	クリエーション
習得必須度	▶	★ 4〜5
有効性	▶	★ 5
応用性	▶	★ 5
理解容易度	▶	★ 4
実践容易度	▶	★ 3

基礎を学ぶ

活用すべき場面
- 新しい方法論を生み出す（①②）
- 組織全体の生産性を上げる（②）

考え方

ずらし思考はさまざまな意味合いを含む言葉ですが、冒頭の定義からも分かるように、本章第22項で述べた水平思考の要素を含みます。

また、クリエイティブなアイデアを生み出すだけではなく、ベンチマークや組織におけるノウハウ・知見の横展開など、組織の生産性アップを強く意識した思考方法でもあります。

この思考法を重視している企業にトヨタ自動車があります。トヨタでは、物事を違う視点から見ることが強く奨励されています（「縦から、横から、上下から」などと言うそうです）。

また、ノウハウの横展開にも非常に力を入れています。ノウハウの横展開自体はあらゆる企業で行われていることですが、往々にし

ずらし思考 No.26

図表26-1 ずらし思考

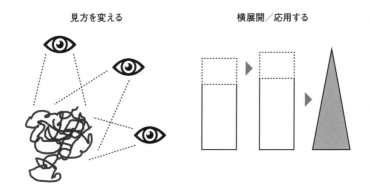

見方を変える　　　　横展開／応用する

てちょっとした個人的ノウハウ共有にとどまることが少なくありません。しかしトヨタでは「横展開をすることは当たり前」の文化が根付いており、横展開に徹底的にこだわります。たとえばある工場で歩留まりを上げる工夫がなされたら、すぐにそれを他の工場にも取り入れていくのです。トヨタで年間に上がってくる改善提案数は数十万件とも言われています。すべてがそのまま採用されるわけではないとはいえ、効果的な改善策が全社レベルで横展開された時の効果は計り知れないものがあるのです。

ベンチマーキング（他企業の事例に学び、良い点を取り入れること）もトヨタが力を入れている活動です。これは一般の企業やビジネスパーソンにとっても生産性の向上などに役に立ちますが、さらに工夫をすれば、新しいビジネスアイデアを生み出すことにもつながります。その意味で3章第19項のアナロジー思考とも連関する部分大です。

たとえば、あるビジネスパーソンは、新築マンションの転売をサイドビジネスとしているのですが、その発想は新規公開株にヒント

を得たものだと言います。

　新規公開株は、ブックビルディングに応募し、当選すると、比較的安い価格で購入することができます。ほとんどの場合、初値はその価格を上回りますから、ブックビルディングに応募し、当選すれば利益を得ることができます。ただし、通常は抽選となります。当選するのは、数回あるいは十数回に1回程度です。それでも何度も繰り返し応募することで利益を得ることができるのです。

　マンションも、ある程度値上がりが期待できる立地というものはあります。彼はそうした人気案件の抽選にひたすら申し込んでいるのです。抽選ですからいつも当たるというわけではないのですが、当たればその手付金だけ払い、マンションそのものの権利を転売するのです。よほど不運がない限り、利益が出るそうです。

　これもずらし思考の活用例と言えるでしょう。

事例で確認

　かつてマネックスが開発したのが「ミニ株」です。これは、たとえば最低取引単位が100万円の株式ならば、総額10万円から買えるようにしたサービスです。

　一般に、新しい商品を買う時に、まずは使ってみたいというニーズは強いものです。お試しパックのようなミニサイズの試用品を使われた方も多いでしょう。グロービスでも、大型研修を導入する前に、お試しでスクールに数人の方を派遣されるというクライアントは少なくありません。

　ところが、マネックスがミニ株のサービスを提供する前にはそのようなサービスは証券業界には存在しませんでした。それがビギナーにとってハードルを上げることにもなっていたのです。マネックスはこの点に着目し、ずらし思考的発想で株式取引初心者の心理的・金銭的ハードルを下げることに成功したのです。

ずらし思考 No.26

図表26-2　別の価値を見出す

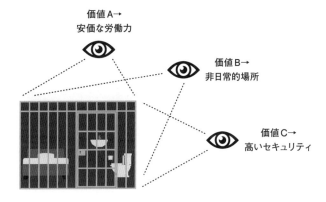

コツ・留意点

1　新しいサービスを開発するためのずらし思考では、ずらしをいくつか組み合わせたり、ずらしたアイデアからさらにずらしてみるといった「複合技」も有効です。たとえば、いまや24時間営業の店やサービスは当たり前ですが、なかなかそれが進まなかった業界もあります。たとえばそれを病院に応用できないか、あるいは銀行に応用できないかと考えることで、競合に対する差別化を実現できるかもしれません。あるいは、24時間営業が無理なら夜間専用の病院や店舗ができないかなどと考えると、新業態が生まれるかもしれないのです。

2　ずらし思考の応用編として、物事のある要素に別の価値を見出すという思考方法もあります（図表26-2）。たとえば刑務所という場所は、囚人を閉じ込めておくための場所ですから、非常に厳しい警戒体制が取られており、一般に、外部の人間が簡単に侵入したり、囚人が逃げ出すことはできません。一方で、この厳しい警戒体制を別の眼で見ると、極めて安全性が高い、あるいは情報漏洩に強いということが言えます。ここに着目することで、刑務所を、VIPを守る場所にしたり、試験用紙の印刷場所にしようという発想が生まれるのです。

27 ビジョナリー思考

壮大なビジョンを描き、それを実現しようという思考法。未来を待つのではなく、未来を自ら作る思考法とも言える。

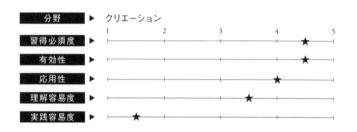

基礎を学ぶ

活用すべき場面
- 野心的な人間が大きな仕事を成し遂げる
- 起業をする
- 社会的に価値のある仕事をする

考え方

　ビジョナリーという言葉は、元々「先見性のある」といった意味の言葉ですが、名詞としては、「独創的なビジョンを具現し、社会に大きな影響を与えたビジネスリーダー」といった意味で用いられます。アップルを率いたスティーブ・ジョブズなどがその典型です。日本ではソフトバンクの孫正義氏などが該当するでしょう。

　ビジョナリー思考とは、こうした人々に共通するような「壮大かつ独創的なビジョンを描き、それを実現しよう」と考える思考です。また、未来を受動的に待つのではなく、未来を自分で作っていこうというマインドセットも含意します。

ビジョナリー思考　No.27

図表27-1 ビジョナリー思考

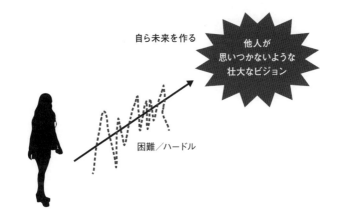

　ビジョナリー思考は、一部の特殊なカリスマのみが先天的に持ちうる思考法と錯覚されることも多いのですが、ある程度の「志」を持つ人間であれば、意識的に身につけることのできる思考法です。

　ポイントになるのは、適切なビジョンを描くことです。ビジョンはまさに実現したい未来の画であり、それを本章第25項でも紹介したプロヴォカティブ・シンキングなども用いながら実現していくのです。

　ビジョンの条件としてよく言われるのは、

- 自分がやりたいこと
- 自分ができること
- 社会から求められていること

これらを非常に高い次元で満たすことです。特に重要なのは、「自分がやりたいこと」です。

　自分がやりたいことを発見する方法にはさまざまなものがありますが、いったん複数のものをリストアップした上で、「最も自分が

ワクワクできるものは何か？」「やらないと後で後悔しそうなものは何か？」「何かの制約があって捨てなくてはならないものを選ぶとしたら何か？」などを自問しながら、最終的に自分が最も夢中になれるものを選ぶと効果的です。

「社会から求められていること」も、社会に影響を与えたり、多くの人を巻き込む上で重要です。ただし、あまりに多くの人が注目している分野では、往々にして競争が厳しくなり、自分が勝てる可能性は小さくなりがちです。それを避けるためには、「現在はあまり注目されていないけど、将来的には重要になってくるもの」を検討するのが有効です。さまざまな未来予測を調査したり、人々と議論する中で「これは伸びてくる」という感触を持てる分野を選ぶことが肝要となります（**図表27-2**）。

事例で確認

　日本を代表する起業家であるソフトバンクの孫正義氏は、ビジョナリー思考を実践している代表的な人物と言えます。

　ソフトバンクグループの現在のビジョン（同社では厳密には経営理念だが、ビジョン的要素が強い）は「情報革命で人々を幸せに」となっていますが、これは孫氏が80年代の起業時から描いていた未来像の発展形と言えます。

　孫氏の発想は、まず強烈にやりたいことが中心にあるように見受けられます。そして情報を収集し、徹底的に未来を考え抜くことで、「〇〇年後にはこういう世界になるはずだ。であれば、今これをすべき」と考えていると言えそうです。未来は自分で作るという意識も強烈です。たとえば「Yahoo!BB」の市場導入の際にはかなり強引な販売手法もとりましたが、とにもかくにも、それで日本のブロードバンド化は大きく進むことになり、孫氏の描く世界に近づくことになったのです。

ビジョナリー思考 No.27

図表27-2 適切なビジョンを作る

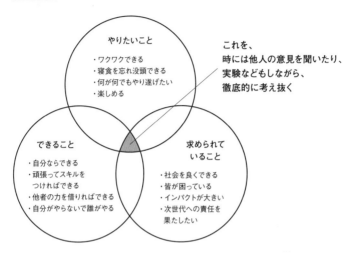

> これを、
> 時には他人の意見を聞いたり、
> 実験などもしながら、
> 徹底的に考え抜く

コツ・留意点

1 「ビジョナリー思考の重要性は分かるけど、結局、有名なビジョナリーほどの先見性を持つのは難しいのではないか？」という疑問を持たれる方が多いようです。確かにビジネス史に残るレベルのビジョナリーと同等の先見性を持つことは難しいでしょうし、生存者バイアスもありますから、ビジョンを誤ったがゆえに失敗した人物も多いはずです。そうした事実はありますが、ポイントは、自分がとにかく夢中になれる分野だからこそ、情報収集したり、徹底的に考え抜くことが苦にならない、その結果、結果的に見れば先見性があったように見える状況が生じるということです。何も思い入れのない分野でこうしたことが起こることはほとんどありません。徹底的に考え抜くことが、確信に近いビジョンを生み出すのです。

2 考え抜く際に、頭の中だけで夢想するのは効果的ではありません。さまざまな人間と議論するのはもちろんのこと、想定する顧客の声を集めたり、時には実験を行うことで走りながら考えることも重要です。そうした行動につなげる上でも情熱の持てる分野を選ぶことが必要なのです。

28 マインドマップ

頭の中で起こっていることを可視化する思考ツール。トニー・ブザンが提唱した発想法である。ThinkBuzan 社が商標登録をしている。

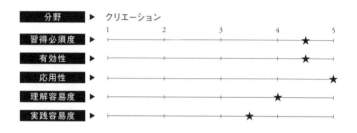

基礎を学ぶ

活用すべき場面
- 思考を可視化することで自身の思考のパターンを知る
- 物事を結びつけることで創造的なアイデアを生む
- 記憶を思い起こしやすくすることで、プレゼンテーションなどに活用する

考え方

マインドマップは、表現したい事柄の中心となるキーワードを中央に置き、そこから放射状にキーワードやイメージを広げ、つなげていくツールです。効用として最もよく指摘されるのは、発想を広げたりつなげたりすることで創造力が磨かれることと、イメージを多用するため、記憶するツールとしても有用なことです。

一見単純なツールに見えますが、実は奥が深く、さまざまな用途に応用できる点に特徴があります。先に示した用途以外にも、達成力を高める、学習能力を上げる、対人関係力を高める、キャリアデ

マインドマップ No.28

図表28-1 マインドマップの例

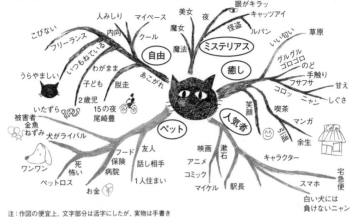

注：作図の便宜上、文字部分は活字にしたが、実物は手書き

ザインに活かすなど、さまざまな場面に効果をもたらすことが示唆されています（それぞれとの詳細な連関については説明するスペースがありませんので、実際に関連書を読まれることをお勧めします）。

図表28-1は印刷の都合上モノトーンとなっていますが、実際にマインドマップを描く時には多くのカラーバリエーションを使うことが推奨されています。可能ならば3色以上がいいとされます。

また、文字だけで事柄を表すのではなく、イラストなどを用いてイメージで表現することも大事です。記号や立体的イメージも有効です。それらが、人々の思考力を刺激するからです。

マインドマップの作図では、中心に置かれたセントラルイメージから、まずはBOI（Basic Ordering Ideaと呼ばれる太い枝）を描き出します。図表28-1の例では、セントラルイメージがネコ、BOIが癒し、自由、ペットなどとなります。BOIは極力、上位概念を描く方が良いとされます。たとえば（ネコと良く対比される）イヌと書くよりもペットと描く方がいいといったことです。

その先は連想でどんどん関連する事柄を書いていきます。この時

のマインドセットとして、他のクリエイティブ・シンキングの手法とも重なりますが、楽しむということが重要です。それが創造性や集中力を高め、また持続もしやすくなるからです。イラストやカラーバリエーションを用いるのも、それを意識してのことです。ポジティブな気持ちで考えないと、役に立つマインドマップは出来にくいという点も重要です。

テクニカルな側面としては、マインドマップでは、3つのAが重視されます。Accept（受容する）、Apply（適用する）、Adapt（順応する）です。

受容するというのは、思い込みや限界を忘れて、まずはマインドマップを自由に描いてみるということです。それがすべてのスタートとなります。最初は他人の描いたものや、書籍に載っているものを真似ても構いません。その上で、他のバリエーションのマインドマップを描いて何かに応用したり（適用する）、さらにそこから学んでマインドマップの描き方をバージョンアップさせたりします（順応する）。

事例で確認

マインドマップは、特に欧米の企業においてよく用いられています。実際に用いている企業としては、マイクロソフト、IBM、ウォルト・ディズニー、コカ・コーラなどが著名です。政治家では、アル・ゴア元アメリカ副大統領がユーザーとしてよく名前が挙がります（残念ながら、実際にそうした企業のワークショップなどで作成されたマインドマップそのものを入手するのは困難なため、実物をご紹介はできないのですが）。

ただし、WEB上で「マインドマップ　企業　実例」などのキーワードで検索すると、かなりの数のものがヒットします。それを参考にされるだけでもヒントは掴めるのではないでしょうか。

マインドマップ No.28

図表28-2 トニー・ブザン氏によるマインドマップ12の要件

① 無地の紙を使う
② 用紙は横長で使う
③ 用紙の中心から描く
④ テーマはイメージで描く
⑤ 1つのブランチには1ワードのみ
⑥ ワードは単語で書く
⑦ ブランチは曲線で
⑧ 強調する
⑨ 関連づける
⑩ 独自のスタイルで
⑪ 創造的に
⑫ 楽しむ！

コツ・留意点

1 トニー・ブザン氏本人は、マインドマップの条件として12の要件を挙げており、それが満たされていないと真の意味のマインドマップではないと言っています。12の要件とは具体的には図表28-2に挙げたものです。もちろんこれは彼の実体験から得られたものでしょうが、筆者の個人的見解としては、最初からすべてに厳密にこだわり過ぎる必要はないと思います。半分以上が満たされていないようではさすがに問題かもしれませんが、1、2個漏れているくらいであれば（特にテクニカルな側面）、それほど気にする必要はないように思います。まずは実際に描いてみて、感覚値やその効用を実体験する方が有効でしょう。

2 マインドマップは、新しい発見や認識を間断なく起こすことに軸足が置かれています。それゆえ、思考の流れを妨げないことが重要となります。人間の脳は、いったん面白いことを始めると、それをどんどん完成形に近づけたいと思う性質を持つものです。それゆえ、そうした欲求を満たすような環境（組織的環境、物理的環境）を作ることが重要なポイントとなります。

29 デザイン思考

デザイナー的な感性と手法を用いて、ユーザーのニーズと技術的な実現性、ビジネスの戦略を整合させていくことで、市場機会を生み出し、実現させていく思考方法。

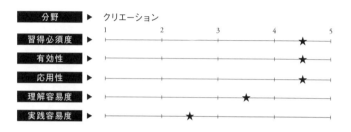

基礎を学ぶ

活用すべき場面

- イノベーティブな新商品を作る
- ユーザーの潜在的なニーズを発見し、それをそれまでとは異なるデザインの製品・サービスで満たす
- 組織のコラボレーション力を高める

考え方

デザイン思考は、2000年代中盤から注目を集めるようになり、特に日本では2010年代になってから脚光を浴びるようになった考え方です。その背景には、デザイン思考を活用してイノベーティブな新商品を開発し、大成功を収めたアップルのような企業の存在が大きくなってきたこと、そしてデザイン思考の発祥元でもあるアメリカのデザインコンサルティングファーム IDEO 社の知名度が上がったことなどがあります。冒頭の定義も、基本的に IDEO 社 CEO の哲学を反映しています。

デザイン思考 No.29

図表29-1 デザインの位置づけ

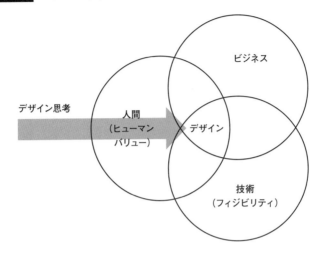

　デザイン思考にはいくつかの要素がありますが、デザインが中心にあり、それを取り囲むようにビジネス、技術、そして原点でもある人間（人間にとっての価値）が存在しているという構造がまずは大事です。言い方を変えれば、ビジネスと技術と人間の連結点にデザインがあるという発想です。

　なお、ここでいうデザインは、表面的な見栄えのみを指すのではなく、むしろ問題解決のための「設計」に近いイメージだと思っていただければいいと思います。たとえばアップルのiPhoneは見た目のデザインもシンプルですが、それ以上に、独自のユーザーインターフェイスを含む設計そのものに価値があるのです。

　デザイン思考では、**図表29-2**に示したようなプロセスを重視します。特にデザイン思考ならではの部分は、①共感／ユーザー観察、②インサイト導出／問題定義、④プロトタイピングでしょう。

　①と②は表裏一体の関係になります。重要なのは、作り手の発想で頭の中で考えるのではなく、徹底的にユーザー視点に立ち、その

問題を解決するようなデザイン（設計）に関する洞察を得ることです。観察においては、共感しつつも、過剰な予見なく虚心坦懐に物事を見、その上で解決策の素案を得ることが求められます。

④のプロトタイピングも重要です。机上のみで考えるのではなく、とにかく試作品を作り、それがユーザーの問題解決に貢献するかを実地で検証し、改善、改良あるいは再創造に活かすことが大切です。プロトタイピングで手を動かすこと自体が前段の③創造のヒントになることもあります。

実は、このプロトタイピングはかつては日本企業の得意技でしたが、昨今は、それをいきなり明確な仕様書もなく外注に出す企業が増え、「空洞化」していることが問題視されています。

確かに外注先の方のノウハウが向上してきたとはいえ、発注側が顧客の洞察もないまま外注にプロトタイピングを依頼しても効率はよくありませんし、中長期的な競争優位性に結びつきません。日本企業に突き付けられた大きな課題と言えるでしょう。

事例で確認

デザイン思考が脚光を浴びるきっかけともなったエポックメイキングな製品はアップルのiPodです。このプロジェクトにはデザイン関係者はもちろん、社会学者など、社内外の専門家が集まりました。そして、人々は既存のCD利用を前提とした音楽再生プレーヤーに不満を持っており、「もっと手軽かつ気軽に、音楽を聴きたい時に聴きたい」という潜在ニーズを発見したのです。

そしてさまざまな議論を経て、我々が現在知るようなiPod（コンパクトでスリムでおしゃれな形状、使いやすいインターフェイス、何千曲も収録できる容量、ファイルのダウンロードなど）を同時に満たすような製品・サービス開発が行われたのです。

デザイン思考 No.29

図表29-2 デザイン思考のプロセス

① 共感/ユーザー観察 → ② インサイト導出/問題定義 → ③ 創造 → ④ プロトタイピング → ⑤ テストによる学習

コツ・留意点

1 デザイン思考の重要な要素に、多様な人材のコラボレーションがあります。いまだに多くの企業では、デザインはマーケターがマーケティングのコンセプトを固めてから、デザイナーに丸投げするという意識があります。デザイナーの方も、デザインで匠の技を発揮するのが自分の仕事という意識があります。これではデザインを軸に顧客のニーズを充足するという目的は実現できません。商材のタイプにもよりますが、マーケティングの早い段階、可能であれば**図表29-2**に示した観察の段階からデザイン専門家を何らかの形で巻き込み、洞察にもその意見が反映されるような仕組みを作ることが望ましいと言えるでしょう。

2 デザイン思考は非常に有効な考え方ではありますが、製品開発には非常に貢献する一方で、必ずしもプライシングやチャネル政策に対しては活用できていないケースが多いものです。たとえばマイクロソフトの「KIN」はまさにデザイン思考を活用した良い製品ではありましたが、そうした側面が弱く、わずか2カ月で市場から撤退しました。最終的にいかに収益化するかという観点もやはり大事なのです。

5章

ビジネス実務編

5章で学ぶこと

　本章では、戦略やマーケティング、組織マネジメントなど、よりMBA的なビジネスの考え方を応用した思考法について見ていきます。

　戦略的思考は文字通り、経営戦略的なものの考え方を戦略のみならず他の領域にも応用しようという考え方です。またゲーム理論といった理詰めの合理的思考方法もここに含まれてきます。これを行うことにより、より効果的に成果を手に入れたり、非合理的な（効果を生みにくい）行動を避けることができます。

　タイムマシン思考や**逆算思考**は未来を想定した上で現在なすべきことを考えるという思考法です。タイムマシン思考はビジネスチャンスを模索する上で非常に有効ですし、逆算思考はさまざまな仕事の進め方に応用できる非常に使い勝手のいい思考法です。

　ニーズ思考、シーズ思考は製品開発や事業開発に応用される考え方です。これらはどちらが正しいというわけではなく、両方をバランスよく併用することが求められます。

　ビジネスの仕組みを構造的に考えようというのが**ビジネスモデル思考**です。「誰に何をどのように提供するか」だけではなく、そのマネタイズ（キャッシュ化）や成長のメカニズムを構想することが鍵となります。**利益思考**は、狭い意味ではビジネスモデル思考の利益方程式を考えることですが、より広義にはいかに利益を出すかにとことんこだわる思考です。ポイントは、健全な方法

で多くの利益を出すことが社会にも価値をもたらすとの発想転換です。

 伝統的なヒエラルキー型の組織を前提とするのではなく、より機動的な「チーム」を重視しようというのが**チーム思考**です。これはリーダーシップなどのあり方そのものの見直しを迫るものであり、激変する昨今の環境変化の中で非常に注目を浴びている考え方です。

 Not Knowing 思考は次章で紹介する哲学的思考の要素も多分に含む思考法です。この複雑で予測不能な時代に、世の中のすべてを知ることはできません。しかし、むしろそれを活用し、柔軟に対応しようという発想であり、これも新時代ならではの思考と言えるでしょう。

 本章にご紹介したもの以外にも、ビジネスの特定の分野の思考法を他の領域に応用できることは多いものです。そうした意識も持ちながら、思考を横展開することも意識しつつ読み進めていただければと思います。

30 戦略的思考

①経営戦略の発想法を日常の仕事などにも当てはめた考え方。②ゲーム理論を用い、ゲームの発想を日常業務に当てはめた思考法。

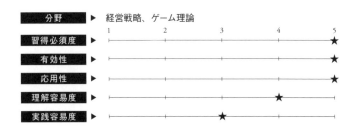

分野	▶	経営戦略、ゲーム理論			
		1	2	3	4	5
習得必須度	▶					★
有効性	▶					★
応用性	▶					★
理解容易度	▶				★	
実践容易度	▶			★		

基礎を学ぶ

活用すべき場面

- 生産性を上げる(少ない手間暇で最大限の効果を上げる)(①)
- 行き当たりばったりではなく、合理的発想に基づいて最大の成果を得る(①)
- 競争相手に勝つ(負けない)(①②)
- 相手の行動を予測して最適行動をとる(②)

考え方

戦略的思考は人によってさまざまな意味合いを持つ思考方法です。中には、権謀術数(人を欺くためのはかりごとや計略)を含む策略を使いこなし、自分の立場を良くする発想法も含めて戦略的思考という方もいますが、これはやや矮小化された用途です。

本書では主に経営戦略の考え方を仕事の進め方やプライベートなどに応用する思考法と、ゲーム理論の発想や手法を同様に用いる思考法について説明します。

戦略的思考 No.30

図表30-1	経営戦略の定義・エッセンス
戦（いくさ）を略すこと	（孫子）
他社にはない「独自性」に優れたポジショニングであり、これを担保する「活動システム」の構築であり、そのために「トレードオフ」を受け入れることであり、したがって「何をやり、何をやらないのか」を選択すること	（マイケル・ポーター）
企業が進むべき方向に関する「大所高所からの」重要な意思決定、経営判断	（典型的な定義）
持続的競争優位を達成するためのグランドデザインとそれを実現するための一連のアクションプラン	（典型的な定義）
「企業や事業の将来のあるべき姿とそこに至るまでの変革のシナリオ」を描いた設計図	（伊丹＆加護野）

　まず、①経営戦略の考え方を用いる思考法ですが、それを理解するには経営戦略の定義やその考え方のエッセンスを確認しておく必要があります。経営戦略自体も人によって多くの定義がある分野であり、1つの定義に絞り込むのは難しいのですが、その代表的なものを**図表30-1**にリストアップしました。

　もともと戦略という言葉を初めて使ったのは**図表30-1**の一番上に示した孫子と言われていますが、戦略という言葉が「戦（いくさ）を略す」という意味を持つのは非常に示唆に富みます。つまり（目的にもよりますが）、真っ向から「ガチンコ勝負」をするのは決して賢明なことではなく、可能であれば戦そのものをうまく回避し、望ましい果実を得ることが効果的ということです。

　この考え方に則ると、同じ戦力を持っている競合と、同じやり方（例：価格競争）で戦うことはナンセンスとなります。カルテルは法律上問題があるので採用できないまでも、阿吽の呼吸で消耗戦は避ける、あるいは、そもそもお互いに差別化し、異なる訴求ポイントを打ち出すことで、真っ向勝負の必要性を下げるといった考え方をすることが戦略的思考の1つなのです。

また、**図表30-1**の２つ目に示したマイケル・ポーター教授のコメントも示唆に富みます。往々にして企業は全方位的に何かをやろうとして、すべての側面で経営資源不足ということになりがちです。そうではなく、何を「しないか」を明確に定め、やると決めたところに経営資源を集中する方が、結局は勝ちやすいのです。

　日常の仕事であれば、漫然とあらゆる仕事に全力を投入するのではなく、重要度や緊急度も意識した上でメリハリをつけながら時間やエネルギーを投入するのも戦略的思考に基づいた仕事の仕方と言えるでしょう。企業にしろ個人にしろ、限りある経営資源や時間を有効に活用することが戦略的思考の重要なエッセンスでもあるのです。

　また、大所高所から物事を見るとともに、長期的な視野に立つという点も戦略的思考の重要なエッセンスです。たとえばビジネスパーソンが自分のキャリアアップを考える際に、いきなり派手な仕事で高い評価を得るよりも、まずはしっかり仲間を作り、かつ地道に良い仕事をすることで自分に対する評価を高めておき、10年後に思い切った仕事をできる環境を整えておくというのも戦略的思考の応用と言えます。

　戦略的思考のベースとして、一般的な経営戦略の考え方ではなく、ゲーム理論を用いるのが、もう１つの戦略的思考の発想です。かつてのベストセラー『戦略的思考とは何か　エール大学式「ゲーム理論」の発想法』は、まさにこの考え方に基づいて書かれた書籍です。

　ゲーム理論とは、ノイマン型コンピュータの生みの親でもあるフォン・ノイマンらによって提唱され、発達してきた学問領域です。経済学の一領域であるとともに、国家間の交渉やビジネスなどでも応用されています。ポイントは、あるルールのゲームの中で、相手プレーヤーの動きを予想し、そこで最大の利得を得るべく合理的な行動をとることです。

　情報が対称か非対称か、同時に行動をとるか交互に行動をとる

戦略的思考 No.30

図表30-2　ゲーム理論の体系

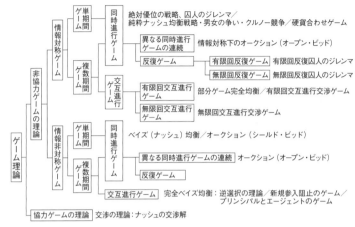

参考:『MBAゲーム理論』(グロービス著、ダイヤモンド社) をもとに作成

か、一度きりの行動か反復行動かなど、状況に応じてさまざまな研究がなされています (図表30-2)。

ゲーム理論を用いた戦略的思考の有名な例に以下のようなものがあります。

2人がルーレットをしています。最終的にチップをたくさん稼いだ方が勝ちです。最終回を前に、自分がチップ数枚分リードしていたとします。そして最終回のルーレットが回った瞬間、相手が、残りのチップをいくつかの数字に張ってきたとします。この時あなたはどうすべきでしょうか？　答えは、相手と全く同じ賭け方をすることです。そうすれば、この最終回でのリターンは必ず相手と同じになりますから、それまでと差は変わらず、必ず勝てるのです。

別の卑近な例では、野球の試合でツーアウトランナー1塁、カウント3ボール2ストライクの場面で、投手が投げた瞬間、走者が走り出すのもゲーム理論に基づいた戦略的行動です。

三振すればそこでイニングは終わりますし、ファールや四死球な

ら帰塁するか進塁するかが自動的に決まります。唯一差が出るのは、打球がフェアゾーンに飛んだ時です。このケースの時だけは走り始めておいた方が得なので、こうした状況下では必ず走者はスタートを切るのです。

事例で確認

　日本の歴史で戦略的思考が機能した例として挙げられるのが第二次大戦後の政策です。占領国であったアメリカの影響を強く受けるのは仕方のないところではありましたが、その中で吉田茂をはじめとする歴代の首相はその力や思惑を最大限に活用しました。

　当時は米ソの冷戦が先鋭化していた時代ですが、その中で日本だけで国防を賄えるだけの体力はありません。また、アメリカサイドから見た時、日本を防共の歯止めとしたいという意図もありました。そうした事情をうまく活用し、国防についてはアメリカの核の傘に入るとともに安保条約でなかば任せる形をとり（自分ではやらないと決め）、自らはほぼ経済発展に邁進する形をとったのです。日本に早く国力をつけてほしいアメリカは、さらに経済協力の面でも様々な支援をしてくれました（例：技術供与や円安の維持など）。

　この経済偏重の国家戦略については、もちろん批判もありますし、より長いスパンでみると評価も変わる可能性はあります。しかし、2017年現在においては、概ねポジティブに評価しうるでしょう。

　これに対して、第二次大戦の日本軍の戦い方は全く戦略的ではありませんでした。陸軍や海軍がお互いのメンツをかけて張りあったりしていましたし、敵の分析もおろそかでした。現実的なビジョンはなく、それに向けてのグランドデザインもありませんでした。その結果、初期の局所戦では一定の成果を収めたものの、中長期的には勝てるはずもなく、悲惨な沖縄戦や原爆の悲劇を迎えることになったのです。

戦略的思考 No.30

図表30-3 戦後の日本の戦略

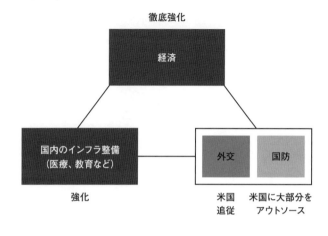

コツ・留意点

1. 戦略的思考のベースとなってくるのは、戦いやゲームの構造や、そこに参加しているプレーヤーの状況をよく理解することです。たとえば、自分の強み・弱みは何なのか、どのような制限があるのか、敵についてはどうなのか、そのゲームや戦いはどのように勝ち負けが決まるのか、どのくらいの時間軸や空間軸で物事を考えるべきなのかといったことが理解できていなければ、当然ながら適切な戦略行動はとれません。ことわざに「彼を知り己を知れば百戦殆うからず」というものがありますが、さらにそれらを取り巻く状況を的確に理解しておくことが重要なのです。

2. 実際の経営戦略などでは、戦略的思考も大事ですが、それを実現する実行力も非常に大事になってきます。戦略を学んだ人間がしばしば陥る陥穽は、実行力の軽視です。スポーツにたとえれば、どれだけプレーの選択が戦略的に正しくても、それをしかるべきシーンで的確に実行できなければ意味がありません。逆に言えば、どこまで自分の実行力があるかも含め、戦略的に物事を考える必要があるのです。

31 タイムマシン思考

あるテーマについて、世界の最先端で起きている事例や現象に着目し、それを自国や自社ビジネスに活用する思考法。

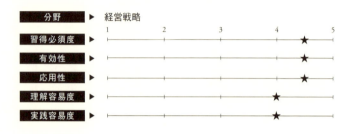

基礎を学ぶ

活用すべき場面
- 経営環境の先読みをする
- 新製品の開発や新事業立案に活かす
- これから直面する可能性の高い問題を解決する上でのヒントとする
- 何か施策を講じた場合、どのくらいの効果が生じたりデメリットやリスクが生じるかの参考材料とする

考え方

　世界中を見渡すと、必ずある事柄が他地域よりも進んで起きている地域が存在するものです。それを参考に、自分のビジネスに活かしていこうとするのがタイムマシン思考であり、実際にそれを活かした経営がタイムマシン経営です。

　タイムマシン思考の前提には、多くの国で、経済や社会の発展は似たようなパターンで進んでいくという発想があります。

　たとえば、かつての高度成長期の日本は、基本的に先進国であっ

タイムマシン思考 No.31

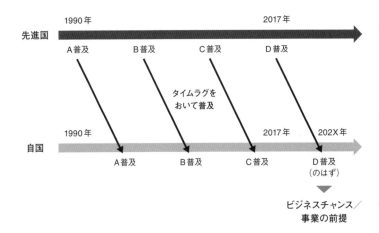

図表31-1 タイムマシン思考のイメージ

た欧米、特にアメリカを1つのモデルとして、それを追いかけるような形で成長していきました。企業だけではなく、国レベルでもタイムマシン思考を実践していたのです。

道路を作ってモータリゼーションを進め、人々の移動を促したのもそうですし、所得を増やすことで購買力を上げ、人々の豊かさを増そうとしたのも、基本的にはアメリカ型の資本主義を参考にしたものです。そして実際に、一時期、GDP世界2位の経済大国にまで上り詰めました。

現在ではかなりの部分がアメリカに追いついたものの、比較的遅れている金融分野（特に投資銀行やVCなど）やIT分野などでは、いまだにアメリカの現状を参考にしながら戦略を練る企業も少なくありません。

タイムマシン思考は将来起こる問題の予想にも役に立ちます。たとえば高度成長期であれば、工業の発達に伴い、公害が深刻な問題になることはある程度予想されていました。東京で初めて光化学ス

モッグが生じた時も、「ついに日本でも起きるようになったか」ということで、先進事例であるロサンゼルス市での対応などを参考にしました。

2017年現在であれば、日本がもっと移民や難民を受け入れる政策をとるべきかどうかを考える上で、現在、移民や難民に関してヨーロッパ諸国がどのようなことに苦慮し、どのような解決策をとろうとしているのかを知ることは大きなヒントとなるでしょう。

事例で確認

ここでは日本企業が欧米のやり方を参考に新事業を興したり、新業態を生み出した例を紹介しましょう。

その代表はユニクロやGUを展開するファーストリテイリングです。同社の柳井正社長は、ファーストリテイリングがまだ小さな地方企業だった時代からアメリカを視察し、SPAという事業形態について研究をしていました。もともと紳士向けの重衣料を扱っていた同社は1984年にユニクロの店を出しましたが、当初は卸やメーカーから仕入れる（ルートはやや独自でしたが）オーソドックスなスタイルでした。その間にもアメリカなどではギャップに代表されるSPAが成長していきます。そこで90年代に入って、同社も一気にバリューチェーンを再構築し、SPAへと業態を転換し、成長の礎を築いたのです。

日本ではいち早くオンライン証券へとビジネスモデルの転換を行った松井証券も、まずはアメリカのチャールズ・シュワブなどを研究し、「日本でも成り立つ」という見込みのもと事業を刷新しました。

そのほかにも、アメリカのUPS社を参考にしたヤマト運輸の宅急便事業など、海外、特にアメリカの事業や事業形態を日本に持ち込んで成功した例は枚挙にいとまがありません。

タイムマシン思考 No.31

図表31-2 タイムマシン思考で生まれた新製品、新サービス

海外の先進事例	日本での成功企業例
銀行、保険などの金融業	金融各社
ギャップ等のSPA企業	ファーストリテイリング
セブン-イレブンなどのフランチャイズ業態	セブン-イレブン・ジャパン
サウスウエスト航空などのLCC	国内LCC各社
経営大学院	慶應ビジネススクール、グロービス
投資ファンド	国内投資ファンド（アドバンテッジパートナーズ、ユニゾン・キャピタル他）
Uber、Airbnb	?

コツ・留意点

1 タイムマシン思考が機能する前提として、「多くの国で、経済や社会の発展は似たようなパターンで進む」という考え方があります。これは当てはまる部分が大きいものの、時には先進国の事例が別地域では実現しなかったり、逆に一足飛びに発展してしまい、途中がカットされてしまうというケースも少なくありません。たとえば、前者の例として避妊用ピルの普及があります。かつては、女性が力を持つようになるに従って、多くの国で普及することが期待されましたが、文化的な問題やHIVに代表される性感染しやすいウイルス等の流行などもあって、世界中で普及するには至っていません。後者の例としては、新興国における、有線LANを飛ばした無線LANの普及などがあります。短絡的にタイムマシン思考をするのではなく、個別の事情などもしっかり配慮する必要性があるのです。

2 先端事例が複数ある場合は、どれが最もヒントになる事例かを見極めることも必要です。たとえばプロ野球の北海道日本ハムファイターズは、野球のメジャーリーグ球団以上に、サッカーのブンデスリーガ（ドイツ）のチーム運営や選手の育成・編成・売却を参考にすることで成功を収めています。

32 逆算思考

未来のビジョンや想定される状況から逆算して今なすべきこと、あるいはその過程でなすべきことを考える思考法。バックワードの思考法とも言う。

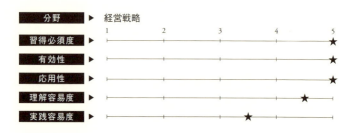

| 分野 | ▶ | 経営戦略 |

	1	2	3	4	5
習得必須度 ▶					★
有効性 ▶					★
応用性 ▶					★
理解容易度 ▶				★	
実践容易度 ▶			★		

基礎を学ぶ

活用すべき場面

- 締め切りの決まっている仕事を期日までにきっちりと仕上げる
- 能動的に動くことで自社の自由度を高める。また、後手を踏まないように備える
- 大型の投資などを行う際に社内を説得する材料にする

考え方

逆算思考は、ゴールやビジョンといった到達イメージから逆算して物事を考える発想です。実現しようとするビジョンが特に壮大な場合は、すでに4章第27項で解説したビジョナリー思考とも連関してきます。

多くの人が逆算思考を無意識に行うのは、締め切りが決まっているシーンでしょう。たとえば、まさにこの文章は、本書が2017年2月に刊行されることを前提に、2016年10月上旬に書いています。書籍は執筆者が最初のドラフトを仕上げてから刊行までに通常3カ

逆算思考 No.32

図表32-1 逆算思考のイメージ

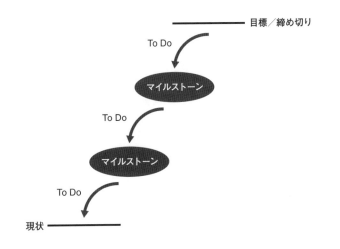

月程度はかかるため、刊行日から逆算して11月中ごろに一通りの原稿が仕上がるよう、時間をとって執筆しているのです。

多くの人により身近な例で言えば、入試などの大事な試験のための勉強などは、行き当たりばったりで行うのではなく、試験当日の最終日から逆算して学習計画を立てる人が多いでしょう。たとえば試験が2月後半であれば、1月中にはここまでの範囲の問題集は済ませておく、12月中にはここまでは済ませておくといったやり方です。

逆算思考の分かりやすいメリットは、気が進まないことでも「やらないと仕方がない」という気持ちになりやすいことでしょう。多くの人間の習慣として、苦手、あるいはやっていて楽しくない仕事は後回しにするというものがあります。たとえば筆者はプロデューサー的に書籍の執筆プロジェクトに携わることも多いのですが、中には素晴らしいコンテンツ（内容、メッセージ、事例など）は持っているのに、どうしても筆が進まないという人がかなりの比率で存

在します。そうした人は、他の仕事を優先させる傾向があります。そうするとますます積み残した書きものの仕事をするのが億劫になり、ますます筆が進まないということになってしまうのです。

そこで、締切日を決めた上で、そこから逆算していくつかのマイルストーンを置き、「この日までにこの分量、この仕上がり度合いまでは絶対に書き進めてください」と依頼するのです。

到達するイメージが湧いているので、必要に応じて工夫すべきポイントが見えてくるというメリットもあります。たとえば3年後に向けて売上げを3倍にしたいと考える対人サービスの会社がボトルネックを分析した結果、マーケティングよりもサービスを提供するスタッフの確保が問題だと分かったとします。であれば、マーケティング部門のスタッフをサービス提供スタッフの採用・育成に振り向ける、あるいは、サービスをより早期から提供できるように育成システムを抜本的に変える、サービス提供をマニュアル化するなどのアイデアが湧いてくるのです。

事例で確認

特に短期的な逆算思考を得意としているのは政治家や官僚です。なぜなら、国会審議や外国要人とのスケジュールはある程度決まっているために、それを前提に事柄を進めなくてはならないという習性が身についているからです。このセンスは通常のビジネスパーソンよりもかなり強いものがあります。

しかしそれがゆえに世間の非難を浴びたこともあります。1960年のいわゆる「安保国会」では、6月19日に予定されていたアイゼンハワー米大統領訪日までに法案を自然成立させようと、5月19日深夜に抜き打ちで強行採決を行いました。それが国民を強く刺激し、歴史に残る安保闘争を招き、岸信介首相の退陣につながったのです。

逆算思考 No.32

図表32-2 適切にマイルストーンを置く

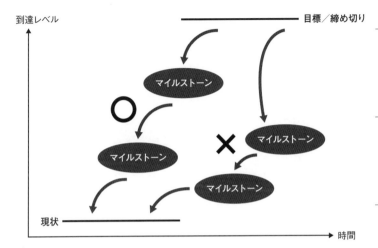

コツ・留意点

1 逆算思考がうまくいかない多くのケースの原因として、締め切りを決めないということがあります。本文中にも書いたように、締め切りの効果は非常に大きなものがあるのですが、通常のビジネスシーンでは、短期的な締め切りはしばしば生じるものの、より高い視座から見た中期的な目標がコミットメント（必達事項）として明確に決まっていることはあまりありません。会社全体としての中期計画などは策定されていることは多いものの、現実にはそこまで強いコミットメントではなく、環境が変わればすぐに変更するものくらいの位置づけというケースがほとんどです。それゆえ強烈な達成意欲が失われ、結果的に高い目標からのバックワードの思考法ではなく、現状からの「緩いフォワード」の思考にとどまってしまうのです。

2 上記の留意点とのバランスは難しいのですが、状況が大きく変わったら、ある程度は柔軟に目標を変えることが必要な場合もあります。たとえば自身のキャリアアップを考える際に、大きな病気を患ったにもかかわらず、以前と同じ目標にがむしゃらに立ち向かうというのは賢明ではないでしょう。

33 ニーズ思考

顧客のニーズを優先的に考え、そのニーズを満たそうとする思考法。特に製品開発の場面ではニーズ発想というケースも多い。

基礎を学ぶ

活用すべき場面

- マーケティングのシーン全般
- 新製品（サービスも含む）を開発する上で、どのような技術や投資が必要かを検討する
- 経営環境の変化に対応する

考え方

　ニーズ思考は顧客の満たされていない欲求（ニーズ）を見極め、それを適切に満たすことでキャッシュを得ていこうという発想です。若干意味合いは異なりますが、「ニーズ志向」という表現を充てることもあります。

　企業にキャッシュをもたらすのは基本的に顧客ですから、あらゆる場面で彼らのニーズに敏感になることは大事です。その中でも特にそれを意識したいのは、新製品の開発時と、世の中の環境変化が速い場合に、それに乗り遅れないようにする時です。

ニーズ思考 No.33

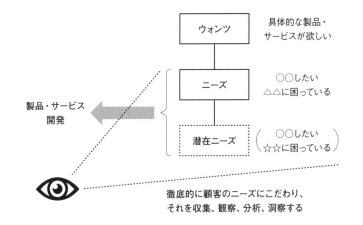

図表33-1 ニーズ思考

　まず前者についてですが、一般に、新製品は、出してみるまで売れるか売れないかを正確に見極めるのは難しいものです。「副作用の小さいAIDSの特効薬」のような製品であればともかく、一般にはそこまで明確かつ汎用性の高いニーズはありません。特に近年はモノ余りの時代になり、人々の価値観も多様化しています。

　そうした中、顧客ニーズに無頓着に新製品を開発しても、当たる可能性は非常に小さくなります。だからこそ、事前にマーケティングリサーチなどを行うことで、顧客のニーズをある程度押さえておく必要があるのです。特に機能的価値以上に情緒的価値に訴える製品ではその必要性は高いと言えるでしょう。

　後者の経営環境変化に伴う顧客ニーズの変化にも敏感に目を光らせておく必要があります。仮に長年人々に親しまれた定番品であっても、環境が激変する昨今、ニーズの変化を見落とすと当然ながら顧客離れが起きる可能性は高まります。

　たとえば数十年にわたって高視聴率をたたき出してきた国民的番

組「サザエさん」の視聴率が特に2014年以降、急降下しています。その理由としてはさまざまなものが挙げられています。「もともと『暇つぶし』需要に応える番組だったので、インターネットやスマホに食われてしまった」「時がたつに従って、昭和の設定が時代に合わなくなってきている」「日曜日の夕方に家族一緒に食事をとったり団欒するといった習慣そのものが減った」などが主なものです。どれが真因か突き止めるには調査が必要でしょうが、いずれにせよ、社会を取り巻くさまざまな変化が顧客のニーズの変化をもたらし、顧客の購買行動に変化をもたらしているのです。

こうした変化に後手をとってしまうと、リカバリーは難しくなります。ニーズ変化の兆候を敏感にとらえることが非常に重要です。

事例で確認

ニーズ思考はマーケティングの基本でもありますから、これに基づいてヒットした製品は数知れません。その中でも、一見気づきにくい、顧客の潜在ニーズを捉え、ヒットした製品の例を**図表33-2**に示しました。

別の例では、たとえば任天堂の「Wii」は、体感ゲームとして大勢で同時に楽しめるというニーズを満たした製品ですが、もう1つ裏側のニーズとして、子どもや夫がそれまでのプレイステーションのようなゲームにはまってしまうことを快く思わないお母さんや奥さんの「専門性の高い個人ゲームに時間をあまり使ってほしくない」というニーズにもうまく応えたのです。

ただし、Wiiは発売数年間は非常に好調でしたが、その後は「体感ゲームは長続きしない」というジンクスに見舞われ、昨今はやや低迷しています。任天堂がこうしたニーズの変化にどう応えるのかは注目されるでしょう。

ニーズ思考 No.33

図表33-2 潜在ニーズに応えてヒットした製品・サービス例

ニーズ	ヒット製品・サービス例
シャンプーとリンスを別々にするのが面倒	リンスインシャンプー
水道料を安くしたい（ビルのニーズ） 排泄音を消したい（ユーザーのニーズ）	トイレ用擬音装置
事情があって家で猫を飼えない 思う存分猫と触れ合いたい	猫喫茶
アイドルと友達になりたい アイドルをもっと近くに感じたい	地下アイドル（初期のAKB48など）
ホッチキスの針の処理に困る	針なしホッチキス
ダイエットですぐ挫折する。（お金をかけてでも）何とかダイエットしたい	ライザップの「結果にコミット」サービス
事務用品を手軽に買いたい。かつ、中小企業がそれ専門の総務部社員をわざわざ雇いたくない	アスクル

コツ・留意点

1 ニーズは顧客の満たされていない状態や感情を指すものです。そこで基本となるのは、顧客の不満や不便、言い方を変えると「もっと楽をしたい」「面倒を省略したい」「もっと節約したい」「もっとこうなったらいいのに」といったポイントに着目することです。たとえば、病院の受診に関して言えば「待ち時間が長すぎる」「夜間診療が少ない」「たらいまわしにされる」など、顧客である患者の不満もたくさんあれば、医師側にも「本来病院に来るほどの症状ではないのに、安易に病院を利用する人間が多いので忙しい」といった不満があります。これはビジネスチャンスが無尽蔵に眠っていることも意味します。ぜひ、皆さんのビジネスの周りの不満や不便が新しい製品やビジネスに結びつかないか考えてみてください。

2 顧客のニーズを重視するのは大切なことですが、あまりに重要な顧客の声ばかりを聞きすぎると、いわゆる「イノベーションのジレンマ」の罠に陥ることもあります。潜在顧客も含め、バランス良くニーズを見渡す広い視野が求められます。

34 シーズ思考

自社が社内に持つシーズをベースに、そのシーズを活用して顧客のニーズを満たせないかと考える思考法。シーズ発想とも言う。

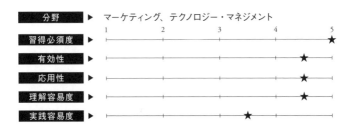

基礎を学ぶ

活用すべき場面
- 特に製造業において、保有している技術の活用を考える
- 自社の強みを理解した上で、どの方向に新事業を生み出していくかを考える

考え方

シーズはもともと「種」の意味であり、特に製造業では技術シーズ、つまり自社が持つ独自の技術を指すことが多い言葉です。ただし、広義のシーズ思考では、技術のみならず、企業の強みとしてのノウハウやハード（設備など）も含めてシーズと考えます。

いずれにせよ、まずは顧客ニーズから考えるというニーズ思考とは逆の思考法であり、自社の独自の強みをビジネスに結びつけられないかと考える思考法と言えます。

ただし、シーズ発想はニーズ発想と相いれないものではなく、お互いに使い分けたり、補完させたりしながら用いる思考法と言える

シーズ思考 No.34

図表34-1 シーズ思考

シーズ
自社の資源

自社シーズを活かせるニーズはないか?
用途開発できないか?

・技術
・ノウハウ
・工場・設備・スペース
・チャネル
・顧客基盤
・プラットフォーム　等

でしょう。

現実的に、どれだけニーズを捉えたとしても、自社にそれを実現できるような強みとなるノウハウ等がなければそのニーズを満たすことはできませんし、逆に、どれだけ有望なシーズがあっても、最終的には顧客ニーズを満たさないことには製品は受け入れられないからです。

シーズ発想とニーズ発想を組み合わせる上で有効な考え方が、技術系のコンサルティングに特に強いアーサー・D・リトル社（ADL）が提唱しているMFT（Market-Function-Technology）フレームです。これは、顧客ニーズ（Market）とシーズ（Technology）の間に効用（Function）を入れることで、ニーズとシーズを橋渡しし、関連性を分かりやすくしたフレームワークです。**図表34-2**に日本ゼオンのCOPの光学レンズへの参入の事例を示しました。

シーズから猪突猛進するより、適宜効用を介してニーズとすり合わせることで、成功の確率が上がったり、より良い用途につながっ

たりするのです。

このフレームワークは、技術以外のシーズにも応用可能です。たとえば映画館は、独自の空間やハードというシーズを持っています。これを映画以外に応用できないでしょうか。この空間やハードが持つ効用を改めてリストアップすると（この発想は、4章第26項で紹介したずらし思考にも通じます）、

- オーディオやビジュアルなどを用いて劇的な演出をしやすい
- 多くの人々を収容できる
- 暗い空間を提供できる
- 通常は良い立地にある
- いつもは非日常的な体験を味わう場である
- 大スクリーンがある

などがあります。

これらはうまく活用すれば、企業の特別な会議やプレゼンテーションの場としても応用可能かもしれません。

事例で確認

シーズ思考から生まれ大ヒットした製品の例が3Mの付箋紙「ポスト・イット」です。これはよく知られているように、もともとは開発途中で出てきた「出来そこないの接着力の弱い糊」を何とか事業化できないかと知恵を絞った結果生まれた製品です。

意外に知られていないのは、付箋紙という用途に気づくまでに5年、市場導入までにさらに6年の期間を要したことです。しかも、用途に気づいたのはたまたま教会で聖書から栞が落ちるシーンにインスピレーションを得たからだと言われています。

シーズをニーズと結びつけることは必ずしも容易ではないものの、それがうまくつながると大ヒットが生まれる可能性もあることを示す事例と言えるでしょう。

シーズ思考 No.34

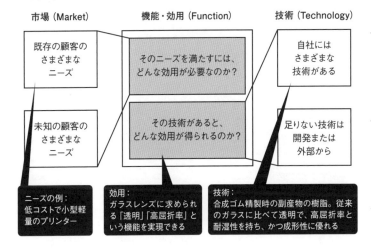

図表34-2　MFT フレームの事例（日本ゼオン）

コツ・留意点

1　シーズ思考においても顧客ニーズを意識することは大切であることは本文に書いた通りですが、それがなかなか実践されないこともやはり少なくありません。たとえば「ユニクロ」や「GU」といった業態を展開し、ファストファッションで圧倒的な地位を誇るファーストリテイリングも、かつては中国とのパイプ（衣類の縫製などは中国で行っていた）を活用して始めた野菜事業で、顧客の支持を得るに至らず、2年程度で撤退しています。駄目だと見切ったら「実験失敗」ということで素早く撤退するところに同社の強みがあるとも言えますが、ファーストリテイリングといえども、やはり顧客ニーズの見極めが甘かった時には失敗してしまうというのは示唆に富みます。

2　シーズ思考では、いつもは当たり前だと思っている自社の資源やノウハウに別の効用がないかをゼロベースで考えてみることも重要です。一人の頭で考えていても限界はあるので、ブレストをしたり外部の視点を入れることも有効です。また、4章第22項で紹介した水平思考やそれに関連するツールを用いることも効果的です。

35 ビジネスモデル思考

ビジネスの仕組みを構造的に考え、どのように儲けたり成長したりするかを考える思考法。

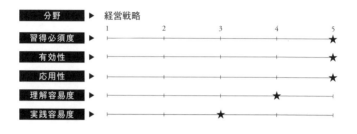

基礎を学ぶ

活用すべき場面
- 戦略立案、実行の場面全般
- 新事業を検討する
- 新事業のピボット（方向転換）を行う
- 既存事業の刷新を行う
- 永続的な成長を模索する

考え方

ビジネスモデルにはさまざまな定義がありますが、シンプルに言えば、「何を誰にどのように提供するか」ということに「儲け方」、さらには「成長の仕方」を加味したビジネスの仕組みのことです。

ビジネスモデルの要素分解にも多種多様なものがありますが、有名なものとしては、「イノベーションのジレンマ」でも有名なクレイトン・クリステンセン教授らが提唱した「CVP（顧客提供価値）」「利益方程式」「プロセス」「経営資源」の4つの要素にブレークダ

ビジネスモデル思考 No.35

図表35-1 ビジネスモデルの考え方

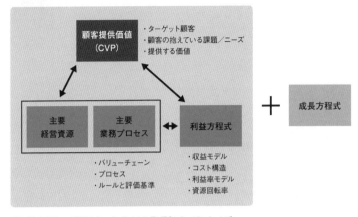

参考:「ホワイトスペース戦略」(マーク・ジョンソン著、阪急コミュニケーションズ)
　　　「ビジネスモデル・イノベーションの原則 DIAMONDハーバード・ビジネス・レビュー 2009年4月号」を参考に筆者加筆

ウンするものがあります。ただし、ここには「成長の仕方」の観点はあまり入ってはいません。

　そこで筆者は、クリステンセンらの定義に、さらに成長方程式を加えることを提唱したいと思います。株主にとっては、単に瞬間的に儲かるというだけではなく、長期間にわたって成長していくメカニズムが内在化していることが重要だからです。成長方程式は、好循環の形で描くのが分かりやすいと思います。循環は複数のものが多少重なり合っていても問題ありません。

　具体例で見てみましょう。たとえば一般的なスーパーマーケットであれば、「近隣住民に『安さ』『アクセスなどの利便性』『品ぞろえの良さ』といった便益を提供する」というのがCVPに当たります。

　また、「卸からの仕入れ、きめ細かな価格変更、広い立地やパート社員などの活用、清潔な店内(それを実現する仕組み)」などがプロセスや経営資源に当てはまるでしょう。

　利益方程式は、「安い人件費による低いオペレーションコスト、

ボリュームディスカウントによる仕入れ価格低減、プライベートブランドの開発などによるマージン確保、高い回転率、低い廃棄ロス」などが該当しそうです。

　難しいのは成長方程式です。通常のスーパーであれば、「利益を出す→その利益を投資する→顧客にとっての魅力や競争力が上がる→利益がさらに出る……」といった好循環が該当するでしょう。

　一般にサービス業などでは、「顧客満足→利益→賃金アップ・先行投資→高いサービスレベル→顧客満足……」といった好循環を急速で回すことが典型的な成長方程式となりますので、これと上記を組み合わせたものを描いてもいいでしょう。

　ビジネスモデル思考では5つの要素どれもが重要になりますが、ここではさらに顧客提供価値と利益方程式について説明します。経営資源やプロセスに関しては、もちろんクリエイティビティは必要ではありますが、一般の経営戦略の書籍などでも多く紹介されているからです。

　まず顧客提供価値は、どのような顧客のどのようなニーズに応えるか、言い換えれば、顧客にどのような「嬉しさ」を提供するかということです。

　当然ながら、顧客ニーズに自社が提供する価値が強く合致した時に成功の可能性は高まります。特に顧客のKBF（Key Buying Factors：購買決定要因）と自社の顧客提供価値は極力合致していることが望ましいと言えるでしょう。

　顧客提供価値はさらに、顧客のニーズを満たすだけではなく、望ましくは競合に真似されにくいという条件も兼ね備えている方がいいと言えます。その顧客提供価値は簡単に模倣できるのかどうかということです。

　たとえば、NHKの大河ドラマや紅白歌合戦といった目玉番組は「多くのスターを一堂に見られる」という価値を提供していますが、

ビジネスモデル思考 No.35

図表35-2　ユニークな課金モデル

課金モデル	メカニズム	事例
フリーミアム	一部の有償サービスを利用する顧客からキャッシュを得る	ソーシャルゲーム、ソフトウェアなど
広告モデル	ユーザーからではなく、集客による広告価値に対してスポンサーからキャッシュを得る	多くのマスメディア（特に地上波テレビ局）
集客モデル	ユーザーからではなく、集客による販売機会提供に対してスポンサーからキャッシュを得る	和服のイベント
レーザーブレードモデル	まずはハードを買ってもらい、消耗品で儲ける	剃刀の刃、コピー機のトナー、携帯電話の通話料など
マルチチャネル	自身が顧客を開拓すればリターンがあるという前提で、高額で買ってもらう	高級洗剤、化粧品など

タレントの出演料は「タレントに箔がつく」「プロモーションにも役に立つ」ということで、かなり低めとなっています。これを民放各局が真似することは容易ではなく、結局1年間の長期ドラマと年末の夜の歌番組はNHKの独壇場となっているのです。

利益方程式は、儲け方（売上げや利益の得方）のことです。これは、**図表35-1**に示したような「薄利多売」といったマージンや回転率に直接関係することだけではなく、フリーミアムや広告モデルのような、課金の工夫（課金モデル）なども含みます（**図表35-2**）。

フリーミアムは、通常のユーザーにはミニマムなサービスを無料で提供し、その中からある比率で有償サービス（例：ゲームの有償アイテムなど）を購入する顧客が生まれるように設計した課金モデルです。一方、広告モデルは、ユーザー（視聴者）からキャッシュを得るのではなく、集客の対価として広告主からキャッシュを得る

モデルです。いずれも、多くのユーザーは無料で便益を受けているのですが、提供側の企業は別のところで儲けています。

設ける商材や顧客のメリハリも利益方程式の大事な要素であり、ビジネスモデル思考の重要なパートでもあります。たとえばカラオケボックスは、長年、カラオケ使用料もさることながら、原価の安い飲食、とくにアルコールで儲けるビジネスとされてきました。

しかし、近年ではカラオケボックスで大量に飲食をするユーザー（例：パーティ客）の比率は下がっており、一人で来て歌うことだけを楽しむユーザーが増えています。「ビッグエコー」を提供する業界ナンバーワンの第一興商などは、その変化に対応し、「一人カラオケ」用のボックスを増やし、業績を伸ばしました。

一方、もともと給食サービスから発展してきた歴史もあり、飲食で儲けるというビジネスモデルにこだわったシダックスは店舗を大量に整理統合しました。ビジネスモデルの変化を果たせたかどうかがカラオケ大手の明暗を分ける形になったのです。

事例で確認

アマゾンはさまざまな新事業をどんどん打ち出す企業としても有名です。一般の方にはeコマースの印象が強いでしょうが、その裏側でAWSというクラウドサービスを企業に提供し、高い市場地位を築いています。また、ここ数年はKindleの電子書籍リーダーを武器に、独自の提供価値や利益方程式も生み出しています（定額でいくらでも書籍を読める「Kindle Unlimited」など）。

アマゾンでさらに有名なのは、創業者のジェフ・ベゾスCEOが紙ナプキンの裏側に書いたと言われる成長方程式でしょう（**図表35-3**）。アマゾンはいまでも利益より成長を志向する会社ですが、おそらくベゾス氏の頭の中は、ビジネスモデル思考で溢れているのではないでしょうか。

ビジネスモデル思考 No.35

図表35-3 アマゾン創業時の成長方程式

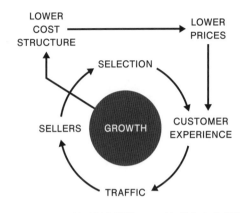

注:『ストーリーとしての競争戦略』(楠木建著、東洋経済新報社)では、この図は「戦略ストーリー」として紹介されている

コツ・留意点

1 本文では詳細な説明は割愛しましたが、「どのように」に相当する、社内のプロセスと経営資源は目に見えやすい表層的な部分のみに注目しがちです。しかし当然ながら、目に見えにくい裏側の仕組みもしっかり意識して構築することが、長期的に勝てるビジネスを作ることにつながります。なお、クリステンセン教授は、『イノベーションのジレンマ』の中では、価値基準(仕事や顧客の優先順位を決める基準)をもう1つの大事な内部要素として切り離して説明しています。特に既存企業においては、社内の価値基準は強烈にしみついており、そう簡単には変わりません。それが新しい事業の創出やイノベーションを阻害する点は意識しておきましょう。

2 考える順番も大事です。たとえば大企業であれば、本業に大きな危機が迫っていないのなら、自社の経営資源やプロセスを活かして新事業を考えるのは理にかなっています。しかし、本業の顧客提供価値が急激に薄れてきたり、利益方程式が破壊されそうな時には、まずはそちらの刷新を考え、それに組織を合わせてビジネスモデル全体を刷新する方が結局は効果的です。

36 利益思考

①利益をいかに効率よく上げるかを考える思考法。②儲けのメリハリなども含め、トータルとしていかに利益を生み出すかを考える思考法。

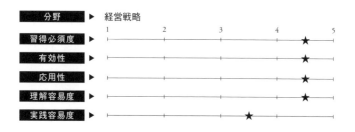

基礎を学ぶ

活用すべき場面
- 企業の収益性を上げる
- 新事業を構想する

考え方

企業にとって、「利益＝売上げ－費用」で表わされる利益を中長期的にいかに大きくするか（大きく維持するか）は、至上命題とも言えるテーマです。それを正しい発想法で追求しようというのが利益思考です。②の定義は前項でご紹介した利益方程式とほぼ同義ですので、ここでは①の利益を効率的に上げる考え方についてご紹介します。

利益思考を行うに当たっては、まず利益というものの意味を正しく捉える必要があります（図表36-1）。

世の中には非常に貪欲（グリーディ）な会社、顧客を焼畑農法のように食いつぶしていく会社がありますが、それは正しい方向性で

利益思考 No.36

図表36-1 正しい利益の捉え方

「正しい」利益思考	「誤った」利益思考
・利益は顧客や取引先、従業員、社会といったステークホルダーに意味のある「価値」を提供し、「Win-Win」の関係を構築できるからこそ生まれる	・利益は顧客や従業員といったステークホルダーとの「Win-Lose」の関係の上に最大化する。とくに顧客は「獲物」である。「Greedy」であることが望ましい
・長期的な利益追求と短期的な利益追求は相反するものではない。バランスをとりながら両者を追求することで、事業価値、企業価値が高まる	・利益を意識するとどうしても短視眼になってしまい、目先の利益を追ってしまう
・利益思考は、究極的には社会の健全な発展に寄与し、人々の生活を豊かにする	・利益思考は、一部の裕福な人間と、多数の貧困者を生み出してしまい、社会の発展を阻害する
・利益は、企業にとって目的であるとともに、社会の健全な発展や個人の成長を促す手段でもある	・利益は至上目的である

出典:『利益思考』(グロービス著、東洋経済新報社)

はありません。図中にも示したように、顧客をはじめとするステークホルダーとWin-Winの関係を構築しながら、社会や業界における存在意義を確立し、適切な利益を上げ、それを次の利益につなげていくのが正しい利益思考のあり方です。利益を上げることは、社会に価値を提供するとともに、社会の非合理性や不便を解消することでもあると考えるのも利益思考の発想です。

それを踏まえた上で利益の最大化を図るわけですが、利益の出し方には、「利益＝売上げ－費用」からも分かるように、売上げを増やす方法と費用を下げる方法があります。

当然、最もいいのは、売上げを上げながら費用を下げることです。これは通常は難しいことですが、やりようによっては可能です。たとえばある生産財企業は、ノンカスタマイズの製品を、通常価格の7掛けの費用で提供することにしました。カスタマイズに意義を見出していた営業担当者やテクニカルエンジニアからは反対もありましたが、結果として、カスタマイズの手間暇が減り、また営

業のプレゼンテーションも効率化されたことから、単価は確かに下がったものの、それ以上の販売量に結びつき、トータルとしての利益も増えたのです。言い方を換えれば、いわゆるスループット、つまりキャッシュの流量を大きく高めたことで、多少コストは増えたものの「相対的な費用の比率」も下がり（結局はコスト増のインパクトは小さくなり）、結果として利益も増えたのです。

別の企業は逆に、それまで安く売っていた製品の価格を逆に3割上げ、そのためのセールス術について社内で徹底的に議論しました。その結果、売上数量こそ1割減ったものの、1.3 × 0.9 = 1.17ですから、結局売上げも17％増え、またコストも変動費の分が減りますから、これも劇的な増収増益に結びついたのです。

いずれにせよ、売上げと費用のバランスを見極めながら、適切に顧客の反応を予測したり、彼らに働き掛けることが大切です。

事例で確認

かつて日本マクドナルドは「100円バーガー」によって売上高と、売上げに対する相対的な費用の比率を下げ増収増益を果たしました。

この事例でのポイントは、半端なコスト削減を行わなかった点です。

「100円バーガー」では、トータルとしてのスループットを上げることで、相対的な費用の比率を下げ、利益を増すことを狙い、それを実現したのです。

なお、その後、顧客の価格に対する意識や競合からのアクションなど、同社をとり囲む経営環境はどんどん変わっていきました。ある時期は価格訴求力を高めることで客単価を上げるなどで成功を収めましたが、トラブルなどもあり、一時期、大きく売上げを落としました。最近は「存在価値」そのものをいかに訴求するかにエネルギーを使っているようです。

利益思考 No.36

図表36-2 「100円マック」の例

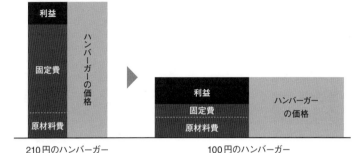

210円のハンバーガー　　　　　　100円のハンバーガー

出典:『利益思考』(グロービス著、東洋経済新報社)

コツ・留意点

1 利益思考では、「売上げやシェアを上げれば利益は自ずとついてくる」、あるいは「コストを削れば利益は増える」という発想を無批判に当てはめないことが必要です。前者については、無理に売上げをとりにいく結果、売上増以上の費用増になることも少なくありません。経営環境によっては、まずはシェアを押さえることが重要といった場面もありますが(例:SNSのようなサービス)、そうした明確なストーリーがないのであれば、まずは利益を重視し、そこから逆算して売上げや費用を想定する方が効果的です。後者については、往々にして「貧すれば鈍する」になりかねません。中長期的な利益創出に必要な費用はしっかりかけ、投資はしっかり行う勇気も必要なのです。

2 利益思考を磨くには、日常からの思考トレーニングが有効です。「価格や費用といった変数を変えたらどのような影響がありそうか」を常日頃から思考実験しておくのです。また、他の業界のユニークな値付けやコストカットの事例などを自社に当てはめることができないかと考えてみるのも非常に有効です。日常からの好奇心や情報収集がいざという時に活きるのです。

37 チーム思考

変化が速い時代に適切に対応すべく、比較的少人数のチームで問題解決に当たり、組織全体の生産性や競争力を上げようとする考え方。

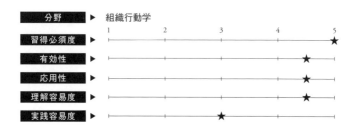

基礎を学ぶ

活用すべき場面
- 組織として問題に速やかに対応する
- 職場を活性化し、効果的なものにする
- 組織の働き方(協業の仕方など)を変える

考え方

昨今の経営環境が激変しているのは論を俟ちません。そうした中で、従来型の縦割り組織で何かに対応しようとするのは必ずしも効果的ではありません(もちろん、縦割り型であっても、風通しがよく、コミュニケーションがしっかりなされていればいいのですが、そうした組織は稀で、往々にして視野は狭くなります)。一方で、優れたリーダーが次々と現れ、問題を快刀乱麻で解決していくというのも現実的ではないでしょう。

そこで出てくるのがチーム思考です。ここで言うチームは、組織図上に明確に定義されているチームであることもありますが、そう

チーム思考 No.37

図表37-1 チームの考え方

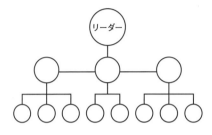

ヒエラルキー組織の特徴は、縦の上下関係で各人の所属が明瞭に決まっていること。誰が何をすべきなのかが、あらかじめ決まっている。

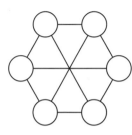

チーム組織の特徴は、リーダーは事前に決まっていないこと。上下関係はなく、対応する問題ごとに適したリーダーが選ばれ、そのつど各人が協力する。

出典:『チーム思考』(グロービス著、東洋経済新報社)

した定型化された組織以上に、問題の発生に応じて適宜生じる非定型的なチームを指します。

言い方を換えれば、ここで言うチームは、問題が発生するたびに、組織図上の線や箱を超えて創造されることになります。ここではリーダーはポジションではなく、役割となります。つまり、状況が変化すれば、リーダーシップを発揮するリーダーと、フォロワーシップを発揮するフォロワーが流動的に入れ替わっていくのです。ある意味、究極的に柔軟な組織と言えます。だからこそ、さまざまな問題に対してアクションがとれますし、集合知も活かされやすくなるのです。サッカーの試合において、状況ごとにリーダーシップをとる選手が変わっていくシーンを想像すると分かりやすいでしょう。

効果的なチームの人数は解決すべき問題によっても変わってきますが、最大で150人まで、通常はせいぜい10人くらいが望ましいでしょう。一般に、大きいチームになればなるほど凝集性を維持する

のは難しくなりますから、明確に問題を設定したり、ある程度のサブチームに分けることが効果的となります。一方、小さいチームは、コントロールはしやすくなりますが、そのチームだけでは問題解決ができなかったり、あるいは多様性が欠ける結果、効率が悪くなるなどの問題も起こります。小さいチームほど、視点の多様な人材が集まる方がよいとされます。

　チーム思考を実践する鍵となるのは目的意識と自立性（自律性）です。目的意識こそがチームとしての接着剤となりますし、全員がリーダーシップを発揮するシーンが来るかもしれないという意味で、自立性も不可欠なのです。

　現実にはそのような人材だけからなる組織は少ないかもしれませんが、「指示待ち」や視野狭窄に陥りがちなヒエラルキー型の大組織の弱点が見えてきた昨今、チームという、比較的効果を高めやすい組織構造を企業活動の中心に置こうという考え方が強まってきているのです。

事例で確認

　チーム思考をうまく実践した組織に初期のグーグルがあります。会社の中で何かアイデアが出てくると、半ば自然発生的にチームが創られ、そこで皆が自律的に動き、仕事を完遂させてしまいます。その背景にあるのは、「面白いことをやりたい」という皆の思いと高いプロ意識、そして個々人の能力の高さなどでしょう。自由度の高いシリコンバレーの企業ならではとも言えますが、学ぶところは大きいと言えます。

　なお、近年はさすがに企業規模が大きくなったこともあり、初期の頃に比べると大きな組織で対応せざるを得ない問題も増えてきているようですが、それでも個々に見ると比較的小さなサブチームを軸に仕事を回しているようです。

チーム思考 No.37

図表37-2　ヒエラルキーとチームの違い

ヒエラルキー	チーム
長期的 （恒常的な作業）	短期的 （目標達成後解散）
効率性の追求 （分業）	効果性の追求 （柔軟な役割）
大規模 （指揮命令系統の明確化）	小規模 （小回り、スピードの追求）
アドミニストレイティブ （つつがない運営重視）	クリエイティブ （個人の創造性重視）
均等性重視 （バラつきのないクオリティ）	多様性重視 （オプションの豊富さを歓迎）
オーダー重視 （いわれたことを間違いなく遂行）	自律性重視 （自発性と自己規律の両立）

出典：『チーム思考』（グロービス著、東洋経済新報社）

コツ・留意点

1　チーム思考の効果はお分かりいただけたと思いますが、現実の企業の組織はそこまで柔軟ではなく、ヒエラルキー型の組織図はやはり存在するものです。いくら非定型的、部門横断的な問題が増えてきたとはいえ、それがすべてという会社はやはり稀です。ヒエラルキー組織にはやはり一定のメリットがあり、それと柔軟なチームのバランスをどう取りながらさまざまな問題解決に当たっていくかは、これからの組織の大きな課題と言えるでしょう。ただ、ヒエラルキー型の組織は残るとはいえ、チーム思考にとって重要な目的意識（極力高い視座から見たもの）や自立性（自律性）、さらにはその裏付けとなる個々人の能力の重要度は間違いなく上がるはずです。いずれにせよ、こうしたことを各人が磨くことが、チーム思考の効果を増すことにもつながるのです。

2　チーム思考の弱点に、往々にして悪い意味で民主的になりすぎるということがあります。政治では悪くない手法である民主主義も、企業では必ずしも有効とは限りません。民主主義の弱点を意識した上で、その弊害を避ける工夫も盛り込むことが必要です。

38 Not Knowing 思考

不確実な時代に、「無知」の状態を最大限に活用し、「出現する未来」に柔軟に対応する思考法。スティーブン・デスーザとダイアナ・レナーが提唱した。

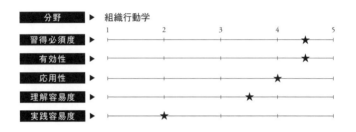

基礎を学ぶ

活用すべき場面
- 未知のものと上手に付き合う
- 不確実な時代に備える
- 思考の枠を広げる

考え方

かつてソクラテスは「無知の知」を唱えました。「（知ったかぶりなどをするのではなく）知らないということを正しく理解していることが大切である」といった意味合いです。

しかし、人間は「知らない」ということに我慢ができないものです。また、人々も、多くのことを知っている人間を高く評価する傾向があります。だから多くの人は、「知らないこと」を減らすべく勉強や研究をしますし、時には知ったかぶりをするのです。

しかし、こうした無知からの回避行動が常によい結果をもたらすわけではないことが知られています。「知らない」ということを恐

Not Knowing 思考　No.38

図表38-1　Not Knowing 思考

			(例)
既存の リーダーシップ、 問題解決の方法論で 対処可能		**単純系** 「既知の既知」の領域。なじみが あり、確実で、よく実行している	・通勤ルート ・チョコレートケーキのつくり方
		煩雑系 「既知の未知」の領域。秩序が あり、予測・予見可能で、専門家 なら知っている	・現状の決算規則の適用方法 ・超大型タンカーの建造方法 ・組織の再編方法
これまでとは異なる アプローチが必要 ・知らないということ を恐れず、好奇心を 武器にする ・知識そのものよりも、 学習する態度に価値 を置く ・知らないことは脅威 ではなく機会である		**複合系** 「未知の未知」の領域。流動的 で予測不可能であり、正解が存 在しない。パターンは創発する。 相反するさまざまな意見がある	・10代のしつけ ・新市場のための新商品開発 ・世界経済の予測 ・アパルトヘイト後の和解 ・社会的格差の解決
		混沌系 「不可知の未知」の領域。きわめ て混乱していてパターンがない	・2001年9月11日の出来事 ・大規模な山火事

問題の変化 →

参考：『「無知」の技法』（スティーブン・デスーザ、ダイアナ・レナー著、日本実業出版社）をもとに作成

れるあまり、過度のプレッシャーがかかってしまったり、それらがバイアスとなって間違った行動につながってしまうこともあるのです。たとえば、分かったと思ったとたんに油断してしまったり、無知を恐れるあまり、真に知るべきことに時間を使うのではなく、無知ではあるものの既知の延長で解ける問題ばかりに時間を使ってしまうなどです。

そこで必要なのが「知らないということ」すなわち「無知」とうまく付き合う方法です。現代のような不確実性の高い時代においては、そもそもすべてのことを知ることは、人類の知すべてを総動員しても不可能です。であれば、無知をむしろ当たり前のこととみなし、それを良い方向に活用しようというのが Not Knowing 思考です。

図表38-1 からも分かるように、今の時代、過去の延長線上で対応できる問題は限定されます。その際に重要なのはマインドセット、つまり心の持ちようです。知らないということを恐れるのではなく、好奇心という武器にしようというのもそうですし、知識その

ものよりも、学習する態度に価値を置こうというのもそうです。知らないことは脅威ではなく機会であるというのもその1つです。

デスーザらはまた、「ない」ということを受容する力が重要であるということを説いています。忍耐、疑い、謙遜のような力を重視するということです。それと絡むヒントをまとめたのが**図表38-2**です。

仮説を立てる、失敗を受け入れる、愚かさを楽しむ(慎重になり過ぎない)など、昨今のビジネス立案にも大きなヒントとなる要素もここに含まれるのは示唆的です。

事例で確認

知らないということを活用し(適切に向かい合い)、ノーベル平和賞にもつながったグラミン銀行というビジネスを成功に導いたのがバングラデシュのムハマド・ユヌス氏です。

彼には、バングラデシュの農村の貧しい女性の生活を向上させたいという強い動機がありました。しかし、当時の金融業界の常識では、彼女たちを救うことはできません。当時の常識は、「銀行とは、富裕層の特に男性を狙うもの。経営陣も富裕層である」ということが常識だったからです。

ユヌス氏は違いました。彼は金融業界には全く知識はありませんでした。また、ポイントは、生半可な知識を入れようとしなかったことです。一般の人間であれば、いろいろ金融業界について調べるのでしょうが、ユヌス氏は、それがかえって本人の思考を歪めるリスクを警戒したのです。

そうして思考投入した結果、「農村の貧しい女性にお金を貸す。しかも、銀行経営も貧しい(裕福層ではない)人間が行う」というビジネスモデルにたどり着いたのです。「知らない」ということと適度に距離をとったことが成功に結びついたと言えます。

Not Knowing 思考 No.38

図表38-2 「ない」を受容する能力

カップを からっぽにする	見るために 目を閉じる	闇に飛びこむ	「未知のもの」を 楽しむ
・初心に立ち返る ・トップがコントロールを止めて現場を信頼する ・手放すことで、そのままを認める ・「わかりません」と言ってみる ・疑いを楽しむ ・抵抗感と向き合う ・身体で無心になる	・目を閉じて見る ・新たな目で見る ・沈黙のための場を作る ・U理論の4つの「聞き方」を用いる ・思い込みに逆らう ・権威や専門知識に疑問符を投げかける ・問いかける	・即興で対応する ・仮説を立てる ・対話で多様な声を集める ・「意味のあるリスク」をとる ・冒険する ・実験的なアプローチをとる ・失敗を受け入れる ・早めに失敗する ・やらない理由に拘泥しない ・責任を引き受ける	・愚かさを楽しむ ・ユーモアを持つ ・好奇心とクリエイティビティを大事にする ・大胆さと脆さを持つ ・思いやりと共感を意識する ・連帯感を大切にする ・しなやかさを持つ ・折れず、むしろ伸びやかに

参考:「『無知』の技法」(スティーブン・デスーザ、ダイアナ・レナー著、日本実業出版社)をもとに作成

コツ・留意点

1 Not Knowing 思考が威力を発揮するシーンに、それまでの枠組みでは説明がつかないことが起きているシーンがあります。これはパラダイムの転換が起きている可能性を示唆します。パラダイムとは、ある時代の人々のものの見方や考え方を規定している思考の枠組みです。パラダイムの転換は、ビジネスでは、新しい市場機会が生まれている、あるいは「ゲームのルール」が変わってきていることを示唆します。これにいち早く気づくことができれば、競合に先駆けて競争優位を構築できる可能性が高まるのです。たとえば若者の急激な「草食化」は新しいパラダイムが生まれている可能性を内包しており、新しいビジネスチャンスの源泉でもありえるのです。

2 失敗を単に許容するだけではなく、そこから学ぶ姿勢やそれを促す文化も非常に大事です。なぜなら、失敗には、価値ある発見のヒントも潜んでいる可能性があるからです。ノーベル化学賞を受賞した田中耕一氏の発見が材料配合のミスから生まれたことは有名ですが、ちょっとした過ちが、むしろより(潜在的な)価値のある結果をもたらすことは少なくないのです。

6章

哲学・歴史編

6章で学ぶこと

　本章では、すぐにビジネスの成果につながるわけではないものの、長期的に見てビジネスリーダーとしての器を大きくするような、教養に関する分野の思考をご紹介します（ただし、最後の2つは短期的な成果につなげることも可能です）。

　まず、ビジネスパーソンの教養として**哲学的思考**と**歴史的思考**があります。文字通り、哲学や歴史を自分の判断軸として活用するための思考とも言えます。本文中にも触れるように、これらは欧米ではエリートの必須の教養とされています。グローバルに活躍する上でも、これらに対する理解は必要不可欠になりつつあります。

　ただし、これらを衒学的に（ペダンチックに）用いるのでは意味がありません。小難しい表現で人を煙に巻くための道具ではなく、人生の意味を確認したり、人間の本質を理解したりするための思考であるという点は注意が必要です。

　弁証法は哲学的思考の1つでもあります。これは目の前の問題解決にも使うことができますが、可能であればより長期的な視点で世の中の動きを見据えるための思考としても用いてほしいと思います。

　思考実験はもともと哲学や科学の思考技術でしたが、その応用範囲はビジネスにも広がっています。ただ、これも比較的短期の問題だけに応用するのはもったいないと言えます。時間がある時にでも、長期的な課題や人間の本性、あるいは倫理などの問題に

ついて思索することがビジネスリーダーとしての器を大きくすることにつながります。

　特に若い方にとっては哲学や歴史の意味合いはなかなかピンとこないものがあるかもしれません。だからこそ、その価値を他者よりも早く理解し、こうした思考に慣れることが、あなたの独自性につながっていくのです。

39 哲学的思考

2000年を超える歴史を持つ哲学の考え方をビジネスに活かそうという思考法。特に深い思索や議論するという行為を重視する。

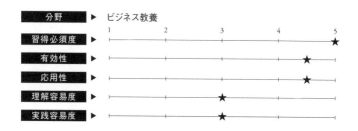

基礎を学ぶ

活用すべき場面
- 物事の価値や意味について人間的な視点から検討する
- キャリアデザインのヒントとする
- 説得力を増す
- 意思決定の拠り所にする
- 考える力を鍛えるトレーニングとする

考え方

哲学にもさまざまな分野がありますが、その中心的なテーマは「人間とは何か」「善とは何か」「いかに善く生きるべきか」ということです。一見、すぐには役に立ちそうにない感もありますが、哲学は、欧米ではエリートの教養としての地位を確立しています。

それでは哲学に触れておくことの効用とは何でしょうか？「それって昔プラトンが言ったことだよね」といった形で引用することもできますが、これは往々にして衒学的な使い方に堕落する可能性

哲学的思考 No.39

図表39-1 哲学的思考の効用

- 道徳・倫理の考え方を意思決定に活用できる
- 「知らない」ことを恐れずにすむ
- 正解のない問いについて考えることで思考力が強化される。また人間には限界があることを確認できる
- 人間という生き物の本質を確認できる
- 科学的なものの見方を、意味的なものの見方によって補完できる
- 善く生きることのヒントを得られる
- 「そもそも」の議論を効果的に進めることができるようになる
- 議論を通じて思考実験を効果的に行うことができる
- 矛盾や不条理に対する心の準備ができる

があります。哲学的な考えが求めているのはそのようなことではありません。先人が思索したことやその思索・議論の過程を知ると同時に、自ら哲学的に考えることで、より豊かな人生を送ったり、何かを判断する時の拠り所にする点が哲学的思考の大事な意義であり、目的です。

実際には哲学にもさまざまな領域があり、その効用をすべてリストアップするのは難しいのですが、あえてそれを抜粋したのが図表39-1です。ここからもわかるように、正しく用いれば、哲学的思考のもたらす効用は計り知れないものがあります。

一方で、多くの人は歳をとると、どうしても正解をより早く知りたくなるものです。「人生とは何か」といった議論は青臭く見えるようになり、実務的ではなくなる印象を持ちます。しかし、人間がいざ大事な意思決定をしようとする時に効いてくるのは、ファクトに基づいた合理的思考以上に、その人の持つ哲学というシーンは多いものです。

「Aさんの考え方はなんとなく腹に落ちる。一方、Bさんの言うことは、事実としては正しいかもしれないけど、どうも納得がいかない」という場合、その理由は、Aさんの哲学や価値判断がより多くの人に訴えかけるから、ということは多いものです。

コンサルティング業界では、「客観だけではクライアントは動かない。自分の主観でクライアントを動かせるようになったら一流だ」という言い方がされることもあります。

至上の目的として哲学的思考を行うことは必ずしも妥当ではないかもしれませんが、結果として、哲学的思考をどれだけ行ったかが、その人の「主観の力」や、いわゆる人間力を高めることにもつながるのです。

事例で確認

ビジネスパーソンが哲学的思考や次項で述べる歴史（的思考）に触れ、人間力を鍛えるセッションに、日本アスペン研究所が主催するアスペン・セミナーがあります。これはもともとアメリカ発のセミナーを日本にも導入したものであり、企業のエグゼクティブやシニアマネジャーが6日間（ミドル向けのコースでは3日間）にわたって哲学や歴史の古典を読み、モデレーターの指示に沿いながら議論するというスタイルをとります(2017年現在)。「古典との対話、他者との対話、自己との対話」という3段階の対話を意識し、その上で、どう自分の仕事や社会と向き合うのかが問われます。

ちなみに筆者もかつてこの6日間のセミナーに参加したことがありますが、ビジネスパーソンにとっては、「いつもとは違う頭」を使う、なかなかない機会となります。人間の本質について思索し、自らを見極め、人間力を高める機会を、仕事を離れて持つというのは、多忙なビジネスパーソンにとって非常に面白いアプローチと言えるでしょう。

哲学的思考 No.39

図表39-2 宗教と哲学

	宗教	哲学
鍵となる行動	信じる、従う	考える、疑う、論じる
絶対的存在	神などを前提とする	必ずしも前提ではない
対象	生きる意味（死の意味）、幸福、来世など	人間の存在意義、真理、知、客観と主観など
集団	通常、教団（あるいは相当するもの）がある	個人主体（学問としての学派はある）
自然科学との相性	良くはない（奇跡、超常現象……）	科学の母体（特に西洋哲学）

コツ・留意点

1 哲学には宗教哲学という境界領域もありますが、一般に哲学と宗教は非常に対照的であり（図表39-2）、それについても知っておくことが望まれます。特にキリスト教やイスラム教、ユダヤ教などの一神教では敬虔な信者が多く、また意思決定や日常活動でも宗教を非常に重視しますので、グローバルに活動をする上で、その差異を理解しておくことは、特に宗教には関心が薄いことの多い日本のビジネスパーソンにとっては不可欠の知識となりつつあります。別の見方をすると、宗教を拠り所にした自己表現や意思決定が苦手な日本人だからこそ、哲学的思考の力を高め、拠り所となる自身の哲学を持っておくことが求められるのです。

2 哲学的思考では、議論を「なあなあ」で済ませないことも重要です。特に昨今は時代が多様化し、絶対的な正解はないという立場に立つのが普通です（実際に存在しません）。しかし、だからといって、そこで思考停止するのでは考えるトレーニングになりません。多様性や相対感も意識した上で、「とはいえここが本質ではないか」という議論を行うことが大切です。

40 歴史的思考

世界史や自国の歴史を学ぶことで、人間の本性に対する理解を深め、それを未来に活かしていこうという思考法。

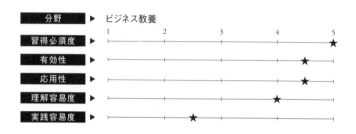

基礎を学ぶ

活用すべき場面
- 人間の本性を知る
- 意思決定に当たり、過去の歴史をヒントやベンチマークとする
- 複雑な問題、特に国家や宗教、人種などが絡んだ問題の背景を理解する
- 自らを鼓舞する

考え方

歴史的思考とは、端的に言えば「歴史に学ぶ」思考法です。欧米の先進国などでは前項の哲学的思考と並び、ビジネスリーダーの必須教養とされることも少なくありません。

その効用は多岐にわたりますが、代表的なものをリストアップしたのが**図表40-1**です。

以下、代表的なものについて見ていきましょう。重要な効用その1は人間というものの本性を理解することで、未来に向けてより良

歴史的思考 No.40

図表40-1 歴史的思考の効用

- 人間という動物の本性（特に愚かさ）を知ることができる
- 同じ失敗を避けることができる
- 世の中で起きている出来事の背景を知ることができる
- 過去の成功例に学ぶことで問題解決のヒントを得ることができる
- 未来に対する感性や洞察力を高められる
- 他の思考法（複眼思考、「Why」思考、本質思考、全体思考、システム思考など）を磨く練習台となる
- ダイバーシティが重要な時代に多様な価値観を知ることができる
- 先人の努力の上にいまの自分があることを知ることで、自分を鼓舞すると同時に、未来世代に対する責任や自覚を持てる
- 自身のアイデンティティを強く持てるようになる

い意思決定を行うことができたり、過去と同じ過ちを繰り返さなくてよくなるということです。

人間の本性として特に意識したいのは、人間とは基本的に愚かで弱いものであるということでしょう。「歴史を学ぶ意義は、人間の愚かさを知ることだ」と明言する方もいます。例として、

- 絶対権力は絶対に腐敗する
- バブルはなくならない
- 人間は都合のいい情報しか見ない

などは、まさに人間の愚かさ、弱さを示すものです。

たとえばバブルについて言えば、古くは17世紀のヨーロッパでチューリップの球根の価格が100倍以上も乱高下したという事件があります。しかし、それに人間が懲りたかと言えばそのようなことは全くなく、近年でもバブルはしばしば起きています。アメリカなどは、ITバブルが2001年にはじけて間もない2008年頃にまたサブプライムローンに起因するバブルの崩壊（リーマンショック）を経

験しています。すべての人間が歴史に学ぶことの難しさを示す事例とも言えますが、見方を変えると、歴史に学ぶ賢者と、学ばない愚者では、意思決定に大きな差が出る好例とも言えるでしょう。

　歴史を学ぶことの重要な効用その2は、物事を立体的、複眼的に捉える能力が増すことです。これはさらに問題解決能力を高めたり、好循環サイクルを構築する際のヒントになります。

　学生時代に歴史が苦手だったという方に多いパターンは、歴史は年号の暗記ものであり、無意味に記憶しなくてはいけない事柄が多いからという思考回路です。これは歴史の学び方としては賢明ではありません。さまざまな事象がどのようにつながっているのかを理解することが歴史の醍醐味でもあり、また能力開発にもつながります（図表40-2）。

　図表と別の例では、たとえば江戸幕府の崩壊は、海外列強からの圧力が強まる中で、幕府への不信が募ったことや、薩摩藩や長州藩が危機意識を持って幕府を倒そうとしたことによって起こりました。ここまでは常識です。では、なぜ薩長だったのでしょうか？

　歴史は偶然と必然が織りなすものですが、必然の視点から言えば、薩長はもともと幕府から距離があって監視の目が行き届きにくい上に、密貿易で富を貯めていたという事情がありました。また、中国（当時は清）などから情報が入りやすいという地理的要因もありました。当時はまさに清はアヘン戦争をきっかけに列強に蹂躙されており、そうした情報も他藩よりも理解していたからこそ、薩長が維新の主役足り得たのです。

　なお、さらに世界史の観点から、なぜ列強が日本に目をつけ始めたかを理解すると、さらにいろいろなつながりも見えてきます。たとえば、明治維新はアメリカの南北戦争と比較的近い時期に起こっていますが、その理由なども考えてみると、さらに新しい視野が広がるはずです。

歴史的思考 No.40

図表40-2　歴史の醍醐味は物事をつなげて考えること

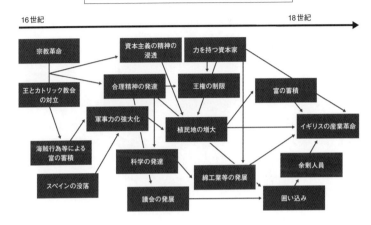

　歴史を学ぶことの重要な効用その3は、先人に対する畏敬の念を持つことで、自分自身の役割を再認識し、モチベーションを高められることでしょう。

　先に歴史とは人間の愚かさを学ぶものだという趣旨の話をしましたが、同時に、歴史には人類の英知や勇気の物語も豊富に詰まっています。たとえば明治国家は、列強による植民地化や国家分割という最悪のシナリオが現実的にある中で、なりふり構わず欧米に学び、維新からわずか20年強の段階で日清戦争に勝利し、その10年後には当時最大の脅威だったロシアにも勝ちました。

　その後の植民地政策など、必ずしも誉められない部分もありますが、これも列強の脅威を逃れる上では必要な側面が大でした。そして、とにもかくにも植民地化を逃れ、大正期には列強とある程度は肩を並べるまでに国力を蓄えたのです。これはアジアではレアケースです。

　現在の日本は一時ほどの経済的パワーを失いつつありますが、そ

れでも世界の中でも豊かで住みやすい国ですし、国民のプライドも良い意味で高いレベルにあります。こうした我々の豊かな生活が先人の勇気や努力の上にあることを再確認することは、これから自分たちがいかに生きるべきかという指針にもなるのです（なお、ここでは読者の多数を占めるであろう日本人の立場で書きましたが、他国や他民族の歴史を尊重する態度も非常に重要です）。

ここでは大きく3つの重要な効用を取り上げましたが、その他にも**図表40-1**に示したように歴史から学べる点は多く、それがビジネスリーダーとしての「器の大きさ」にも影響を与えるのです。

事例で確認

世界中の歴史ファンを魅了するのがローマ帝国（特に西ローマ帝国崩壊まで）の歴史でしょう。そこから現代のビジネスパーソンが学べることも少なくありません。いくつかをリストアップしてみましょう。

- コア・コンピタンスのアウトソーシングは危険：ローマは、初期は市民が軍を構成していました。しかし、時代が下るにしたがって、傭兵が積極的に用いられるようになります。ローマ帝国の中核的な強みは法治や土木などの実学に加え、当然、軍事力でした。しかし、それを傭兵に任せるようになった結果、最終的には蛮族に滅ぼされることになりました（**図表40-3**参照）。
- 便利なツールもいつかは副作用の方が大きくなる：ローマでは舗装道路が非常に発達しました。これは周辺地域を治める上で大きな武器になりましたが、当然、維持費がかかります。これを維持するための増税は、しばしば騒動を巻き起こしました。また、便利な道路は、いざ外敵の方が力を増し、防御に回る段になると自らを滅ぼす一因ともなったのです。

歴史的思考 No.40

図表40-3 ローマ帝国の強み

	征服	統治	反乱抑制	国防
強み	軍事力 交渉力	法律・行政 軍事力	情報収集力 軍事力	軍事力 交渉力
基盤		規律		

コツ・留意点

1 歴史を学ぶことには、同じ失敗を繰り返さないなど、非常にメリットがありますが、一方で、世の中の環境はどんどん変わっていきます。100％同じ歴史が繰り返されることはないという点も同時に理解しておきたいものです。たとえば近年、AI(人工知能)の進化が注目を浴びています。中には、AIの進化は人間の仕事を奪ってしまうだろう、AIの行き過ぎた進化はいかがなものか、という向きもあります。そうした中でヒントを提供するのが、技術の進化を、過去の技術にしがみつく人間が拒んだラッダイト運動(19世紀にイギリスで起きた機械打ち壊し運動)です。現代人から見ればこの運動は滑稽に見えますが、このアナロジーがそのまま現代のAIという一大技術革命にも当てはまるかは、現段階では何とも言えません。歴史にヒントを得つつも、自分の頭でしっかり考え抜く知性も必要なのです。

2 歴史は勝者(生存者)の視点で書かれているという点にも注意が必要です。中立の歴史描写などはありません。自分が学んだ歴史は偏ったものだという割り切りも必要です。2章15項でも触れた複眼的な思考はここでも大切です。

41 弁証法

ある命題（テーゼ）と、それと対立する命題（アンチテーゼ）から統合した命題（ジンテーゼ）を導き出すアウフヘーベン（止揚）の考え方をベースとした発展的思考法。哲学者のヘーゲルによって体系化された。

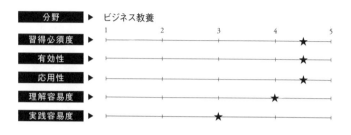

基礎を学ぶ

活用すべき場面

- 対立を克服する
- ジレンマや二律背反を解消する
- ユニークな解決策を導き出す
- 歴史の発展について理解を深める

考え方

　弁証法と言えばヘーゲルを想起される方も多いでしょう。しかし、その歴史は古く、古代ギリシャ哲学にまで遡るとされます。ただし、ここでは一般的にも著名な弁証法、特にその土台となるアウフヘーベンについて主に解説します。アウフヘーベンは**図表41-1**のように図式化できます。

　片方がもう片方を打ち負かすのではなく、統合されてより進化していくという点がポイントです（ヘーゲルは、歴史そのものも、暗黙の矛盾を弁証法的に解消し、発展していくものと考えました）。

弁証法 No.41

図表41-1 弁証法のベースとなるアウフヘーベン

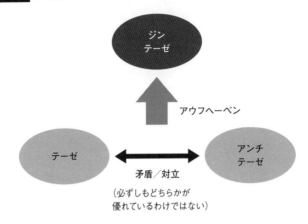

また、テーゼとアンチテーゼは対立あるいは矛盾するものの、優劣があるわけではないという点も重要です。

いくつかアウフヘーベンの例を挙げましょう。

テーゼ：ビールを飲みたい
アンチテーゼ：車を運転するのでアルコールは摂取できない
→ジンテーゼ：ノンアルコールビールを飲む

テーゼ：自分固有の電話を持ちたい（昔は固定電話）
アンチテーゼ：外出した時にも電話をかけたい（昔は公衆電話）
→ジンテーゼ：携帯電話を持とう

テーゼ：ユーザーは正確な時計を欲している
アンチテーゼ：ユーザーは毎日、気分にあわせて時計を変えたい
（当時の時計は高価）

→ジンテーゼ：時間に正確なクオーツ時計を多彩なデザインで安く提供しよう（スウォッチの例）

　最初の2つの例はすでに存在しているものを使用しようというジンテーゼとなっていますが、最後の3つ目の例は、それが初めて提唱された時には非常に大きなインパクトを持ったのは言うまでもありません。ある意味イノベーションとも言えるからです。

　一般に、ビジネスにアウフヘーベンを応用するという時には、単に足して2で割ったり、中間的な妥協を図るというのではあまり面白みがありません。お互いのマイナスを克服するようなクリエイティブな案を考えたり、後講釈では必然に見えるようなことでも、当時としては誰もが考えつかなかった「なるほど」と思える解を生み出すところにアウフヘーベン的な発想の醍醐味があるのです。

事例で確認

　アマゾンはAWSやKindleなどユニークなビジネスモデルを開発することでも有名ですが、その組織運営や土台となっている企業文化も非常に特徴的です。その1つが「2ピザルール」と呼ばれるものです。これは、「2枚のピザを共有するくらいのチームでまかなえるように仕事を分割し、とにかくスピードを重視する」という方針です。

　これは確かに同社のイノベーションや改善のスピードを増したものの、一方で、チーム間のコミュニケーションを減らしているとの見方もあります。

　しかし、これは一説によれば創業者のジェフ・ベゾス氏の**図表41-2**に示したような発想による部分が大とも言われています。こうした部分にも同氏のイノベーティブな発想が見て取れるでしょう。

弁証法 No.41

図表41-2 アマゾンの事例

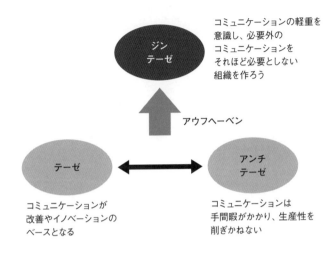

コツ・留意点

1 特に対立する2者の間でのアウフヘーベンは、（すべてがそうというわけではありませんが）交渉術でいうところの争点（交渉の土俵に上る論点）を増やすことで、Win-Winの妥結点を生み出す作業に似ている部分があります。たとえば、一方が「野球をしたい」と言ったのに、もう一方は「サッカーボールしかないからサッカーをしよう」と言ったとします。表層的には一見妥結点はないように見えますが、お互いの関心を深掘りすると違う光景が見えてきます。仮に前者がバットで打つことなどにはこだわっておらず、また、後者も必ずしもサッカーというゲームの面白さにこだわっているわけではなく、ボールを思いっきり蹴りたいということが強いニーズだとするならば「キックベースボールをしよう」という妥結点を見出すこともできるのです。

2 アウフヘーベンは一気に閃くこともありますが、それはむしろ稀です。一般には、複数の人間がお互いに議論をする中で自分の意見を修正し、それを積み重ねることで最終的にジンテーゼに至ることが少なくありません。健全な議論の場を設けることも企業にとっては非常に重要です。

42 思考実験

実際に実験を行うのでなく、頭の中で前提を置いて「もしこうしたらこうなるのでは」と考えたりシミュレーションを行うこと。

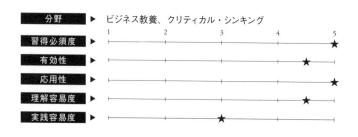

基礎を学ぶ

活用すべき場面

- 新製品や新事業のアイデアの妥当性を検討する
- 新しい施策を打つ際にその是非をあらかじめ検討する
- 新技術などの環境変化がどのような効果を社会にもたらすかを事前に検討する。また、そこからの新しいニーズ誕生やそれを満たす事業創出のヒントを得る
- 倫理的な問題に関するヒントを得る

考え方

人間は条件反射的に意思決定をし、行動を起こすこともありますが、ある程度の重要な事柄（例：人事制度の変更など）になると、事前にその意思決定や行動がもたらす結果をあらかじめ予測するものです。それをより丁寧に頭の中で行うのが思考実験です。そして実際に実験が行える場合には実験を行い、その思考実験の妥当性を検証しながら、実行に移していきます。

思考実験 No.42

図表42-1 思考実験

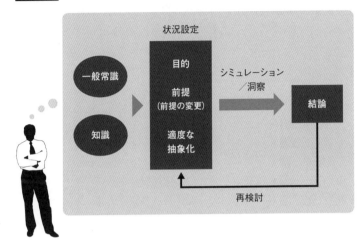

　思考実験は、特に多くの人に影響を与えるような意思決定や行動の場合、その重要度は強まります。また、実際に実験が行いにくい施策の場合（例：従業員の給与を全社員にオープンにしたらどうなるか？）も、その重要度は高まります。事前の検討が浅いまま実施に移して予想外のデメリットが生じるとリカバリーが難しいことが多いからです。

　思考実験はもともと哲学や科学の領域で発達しました。たとえばガリレオは、それまでの「重いものほど速く落下する」という常識を疑い、次のような思考実験を行ったとされます。

「重い球と軽い球をくっつけたとする。重いものほど速く落下するなら、重い球は軽い球に足を引っ張られ、中間的なスピードになるはずだ。一方で、全体としては合計の重さは増しているのだからスピードは増すはず。このような矛盾が生じるということは、そもそも『重いものほど早く落下する』という原理が間違っている」。

　こうして「すべての物体は同じ速さで落下するのではないか」と

いう仮説を得たガリレオは実際に実験を行い、物体の落下速度は重さ（質量）には影響されないことを証明したのです。

一方、ビジネスにおける思考実験は多くの場合、「このような施策を打てば良い効果が得られるのではないか」というベーシックな仮説（仮説の卵）からスタートすることが一般的です。そして実際に実験を行う前に、頭の中でシミュレーションを行い、デメリットやリスクがないか、何がボトルネックになるかなどを検討するのです。現実的な前提を置くことや、イマジネーション豊かに人々の行動を予測することが大切です。

事例で確認

ある小売企業では、「店長の目標設定は、上から与えるのではなく、すべて自己申告制度にした方がいいのではないか。自己成長を願う人間であれば、自ら高い目標を設定するはず」という仮説を立て、それを実行に移しました。その時に役に立ったのが思考実験です。

その時、その経営者がまず行ったことは一般的なPros/Cons分析（メリット／デメリット分析）です。ただ、Pros/Cons分析は有効なツールですが、その合計の大小だけで意思決定を行うのは時として危険です。それぞれの要素が複雑に絡み合い、ある要素が増幅されるなど、予想外の結果をもたらすこともあるからです。

特に、小さな組織などでは、全体としては理に適っていても、ある特定の影響力の大きい個人の言動や振る舞いが問題となって前に進まないこともあります。このケースでも、そうした反対勢力をどう懐柔するかが思考実験でも重要なポイントとなりました。

科学や哲学における思考実験ではガリレオの例に見たように抽象化の単純さが鍵となることが少なくありませんが、ビジネスの思考実験では、どこまでの抽象度で考えるべきかは難しい問題なのです。

思考実験 No.42

図表42-2 ある小売企業経営者の思考実験

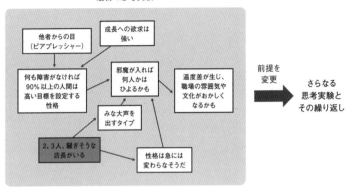

コツ・留意点

1 ビジネスに関して思考実験を行う際には、人間の本性に関する深い洞察が必要不可欠です。たとえば「動機づけさえ適切にされれば、人間は必ず頑張るようになる」という前提は、ややナイーブと言えるでしょう。人によってはどれだけ動機づけをしても燃えない人は一定比率いますし、他人の頑張りにフリーライドしようとする人間も必ず現れるからです。それにもかかわらず、そうした前提を盲目的に置いてしまうことは危険ですし、それはある意味でドグマです。かつて、そうしたドグマであった共産主義は、リスクや副作用について十分に考慮されないまま国家単位で実験された結果、多くの人々を不幸にしてしまいました。そうした落とし穴には十分な注意が必要です。

2 思考実験だけでは結論が出ない場合には、テクノロジーの力を借りるのも一法です。たとえば「無期限繰り返し囚人のジレンマ」の問題は、コンピュータの力を借り、しっぺ返しの戦略が有効であるとされました(ただしそのシミュレーションには批判もあります)。ITやAIの急激な進化は、思考実験のあり方にも影響を与える可能性がある点は意識したいものです。

7章

自己啓発編

7章で学ぶこと

　本章では、キャリア構築にもつながる自己啓発関係の思考法について紹介します。自己啓発というと「うさんくさい」「洗脳的」とやや警戒される方も多いでしょう。事実、世の中に溢れている自己啓発ものの多くは怪しいものが少なくありません。

　しかし、だからといって、それらをすべてシャットアウトしてしまうことは賢明とは言えません。玉石混淆なりに、自分に役に立つヒントを見出すことができるのがこの分野の特徴とも言えます。

　最初にご紹介する**ポジティブ・シンキング／ネガティブ・シンキング**は、それそのものが自己啓発的というよりは、よりベーシックな心のありようを示すものであり、多くの自己啓発的思考の土台ともなっています。多くの人が安易に用いていることもあってやや警戒されることが多い言葉ではありますが、心理学的な研究も進んでおり、やはり理解しておきたい言葉です。

　7つの習慣は具体的な書籍名であり、プログラム名でもあります（厳密にはトレードマークがつきますが、本書では以下割愛します）。自己啓発書やプログラムの最高峰の1つであり、多くの人々に影響を与えてきました。だからといって無批判に受け入れる必要はありませんが、自分なりになぜこの主張が強く支持されているのかを考えていただければと思います。

　本書の最終項にもなる**ストーリー思考**は、未来の自分を思い描き、それを実現するストーリーを描くという、言葉にすると単純

な考え方です。しかし、そこにもコツがあり、それを意識すると大きく自分の人生を変える可能性を内包しています。

　繰り返しになりますが、自己啓発関連の思考方法は玉石混淆です。さまざまなものを試したけど駄目だったという方も多いかもしれません。本書で取り上げたものはその中でも多くの方に支持されているものではありますが、万人にとって効く万能の薬というわけではありません。効用と限界も意識した上で、冷めすぎず、熱くなりすぎず、適度な距離を保ちつつ理解することをお勧めします。

43 ポジティブ・シンキング／ネガティブ・シンキング

ポジティブ・シンキングは積極的あるいは楽観的な考え方をすること。ネガティブ・シンキングはその逆で、消極的あるいは悲観的な考え方をすること。

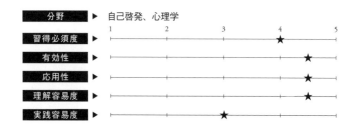

基礎を学ぶ

活用すべき場面
- 賛同する人を集める
- 楽しく人生を過ごす
- リスクを正しく見極める

考え方

ポジティブ・シンキングやネガティブ・シンキングは日常の会話の中でもよく使われます。前者はプラス思考、後者はマイナス思考と呼ばれることもあります。いずれにせよ、「前向き」「積極的」「楽観的」「楽しむ」などのキーワードで説明できるのがポジティブ・シンキング、その逆のキーワードで象徴されるのがネガティブ・シンキングです。思考法というよりは性格と強く結びついた思考の性向とも言えます。

ここでは主に、ビジネスや人生において良い結果をもたらすことが多いと考えられるポジティブ・シンキングを中心に解説していき

ポジティブ・シンキング／ネガティブ・シンキング No.43

図表43-1 ポジティブ・シンキングとネガティブ・シンキングの対比

	ポジティブ・シンキング	ネガティブ・シンキング
コップに半分ある水を見て	「まだ半分も水がある」	「もう半分しか水がない」
変化や不確実性は	機会	脅威
気になるのは	未来の輝かしい自分	過去の失敗
周りに対する影響	明るくなる	暗くなる／静かになる
リスクに対して	アップサイドのリスク(良くなる時)に敏感	ダウンサイドのリスク(悪くなる時)に敏感
他人は	自分の味方	他人、場合によっては敵
人生は	楽しまなくては損	ほどほどが一番

ます(ただし、「コツ・留意点」でも触れるように、必ずしもポジティブ=善、ネガティブ=悪というわけではありません)。

ポジティブ・シンキングのメリットとは何でしょうか。第1に、ポジティブ・シンキングをする人間の周りには人が集まりやすいということがあります。これは単純に、ポジティブ・シンキングをする人間の方が、傾向としてネアカであったり、過去の出来事にあまり拘泥しない性格であるということがまずあります。また、多くの人間は、物事をマイナスに考える人間と一緒に仕事をしていても楽しく感じません。仲間にワクワクする感じを醸成する上でもポジティブ・シンキングは効果的なのです。

第2に、自分自身の人生を楽しく過ごせるということがあります。人生はただでさえ悩み多きものですから、それをいちいちクヨクヨしていては神経もまいってしまいます。それがさらに周りの人々を遠ざけることにもなります。それを避ける工夫としても、ある程度はポジティブに考えることが大切です。

一方でポジティブ・シンキングのデメリットもあります。典型的なのは、たとえば新製品開発や新規事業の立案に関して、本来はもっと検討すべきことがあるのに、能天気に「何とかなるさ」と猪突猛進してしまうことです。ポジティブに考えることは大事ですが、拙速や考え足らずは避けたいものです。ファクトはしっかり押さえつつも、それに対していたずらにネガティブにならず、プラスの意味づけを考える前向きさが大切なのです。

　ところで、どうしたらポジティブ・シンキングができるようになるのでしょうか？　これは性格とも強く結びついているため、一朝一夕に急変するわけではありません。ただし、習慣を変えることで性格にも影響を与えようという提案はたくさんなされています。また、日々の考え方を少し変えることにより、ポジティブ・シンキングに近づこうという提案も多数あります。図表43-2に代表的なものをリストアップしましたので参考にしてください。

事例で確認

　ポジティブ・シンキングをする人間の比率が高い職業に起業家があります。

　筆者は仕事柄、多くの方々にヒアリングをすることがあるのですが、起業家の方と話をしていて感じることの1つにリスクに対する見方の違いがあります。一般の人は、リスクを考える際に、うまくいかなかった時のこと、つまりダウンサイドのリスクに意識が向きがちです。一方、起業家は、アップサイドのリスク、つまり「勝てる時に勝ち切れなかった」「儲けられる時に儲けられなかった」等を避けることに、より意識を向ける傾向があるのです。もちろん、ダウンサイドのリスクを無視しているわけではないのですが、それ以上にせっかくの機会を逃すことを恐れるというのは、まさにポジティブ・シンキングの現れと言えそうです。

ポジティブ・シンキング／ネガティブ・シンキング No.43

図表43-2 ポジティブ・シンキングができるようになるための習慣等

- 小さな成功を積み、自分を肯定する
- 自分を褒める文章を書く
- 考えてばかりいないで行動を起こす
- ネガティブな口癖をポジティブなものに変える
- 「恥ずかしい」のレベル感を変える（実際に、他人はそんなに気にしていない）
- 他人を褒める、賞賛する
- 他人を妬まない、怒らない
- 周りの人に前向きの発言、行動をお願いする
- 物事を客観的に捉える。ことさらネガティブな意味づけはしない
- 自分の存在を「小さなもの」と相対化する
  （例：「宇宙全体から見たら自分の悩みなんてちっぽけなものだ」）

コツ・留意点

1　ポジティブ・シンキングに関するよくある錯覚は、ポジティブ・シンキングはネガティブ・シンキングよりも絶対的に優れているというものでしょう。確かにポジティブ・シンキングには本文中にも記したようなメリットはありますが、能天気で何も考えないポジティブ・シンキングに比べれば、冷静でよく考える、多少のネガティブ・シンキングの人の方が全然ましです。また、災害対策などの特定の状況下では、ネガティブ・シンキングの方が結果として良い意思決定に結びつくこともあります。ポジティブ・シンキングがより効果的になる条件や文脈を正しく理解しておきましょう。また、ポジティブ・シンキングになることそのものを目的化することは、いわゆる手段の目的化であり、本末転倒であることも意識しておきたいものです。

2　ネガティブ・シンキングも、それそのものが悪いというわけではありません。極端なネガティブ・シンキングでない限り、むしろ慎重さに結びつき、成功をもたらすこともあります。ネガティブに考えがちなことを冷静に受け止めた上で、それを活用して結果を残すためには何が必要かをしっかり考え抜く姿勢こそが大事なのです。

44 7つの習慣

人生において成功するために必要な習慣を7つにまとめたもの。スティーブン・R・コヴィーによって1989年に紹介された。

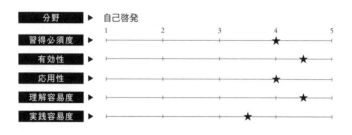

基礎を学ぶ

活用すべき場面
- 成功者としての人生を送る
- リーダーとしての器を大きくすることで、頼れるリーダーとなる
- ものの見方を変えるヒントとする

考え方

過去の成功者の共通点の研究から生まれた「7つの習慣」は同名のタイトルの書籍にもなっており、書籍だけで全世界で数千万部、日本でも100万部を超えるベストセラーになっています。また、コヴィーが創った団体のセミナーの受講者も世界規模で極めて多く、一連の「カーネギーシリーズ」や「ナポレオン・ヒルシリーズ」等と並び、自己啓発、成功哲学の最高峰の1つにもなっています。

米国の歴代大統領から大企業の経営者に至るまでファンも多く、リーダーシップ論やその開発論などとあわせて語られることも少なくありません。自己啓発ものとしては根拠や手法が最も洗練されて

7つの習慣 No.44

図表44-1 7つの習慣とその位置づけ

7つの習慣は、人間の成長過程を支えるものである。そのプロセスは依存から自立へ、そして相互依存へと導くものである。

出典：『7つの習慣』（スティーブン・R・コヴィー著、キングベアー出版）

いる考え方とも言えます。

7つの習慣の具体的な内容とその関係は**図表44-1**のようになります。成長（過程）は連続しており、依存から自立へ（私的成功による）、自立から相互依存へ（公的成功による）、そしてそれを再生産するという流れが重要です。

7つの習慣のうち、1つ目の「主体的である」から6つ目の「シナジーを創り出す」までは、ほぼ文字通りの意味ですので、ここでは詳細な説明は割愛します。

7つ目の「刃を研ぐ」が一読しただけでは意味が分かりにくいかもしれませんが、これは、4つの側面──肉体的側面、精神的側面、知的側面、社会・情緒的側面──を、定期的に一貫してバランス良く磨き向上させるという意味です。これら4つの側面は、他の習慣と非常に強く連関しているため、この「刃を研ぐ」を習慣化できれば、大きく習慣同士で相乗効果が働き、成功者に近づくことができるというのがコヴィーの主張です。

7つの習慣のその他の重要なポイント、キーワードとしては下記があります。

・インサイド・アウト

あらゆることは自分が起点になっているという考え方です。たとえば他人が自分を手伝ってくれないのは、他人が悪いわけではなく、自分に原因があると考えるのです。いわゆる「自責」の発想と共通する部分大です。自分が正しく生きるからこそ、他人も自分に協力してくれるのです。

・人格主義

表層的なテクニックに頼った個性主義ではなく、誠意や勇気といった普遍的な人格の陶冶こそが成功をもたらしてくれるという考え方です。

・ものの見方（パラダイム）を変える

7つの習慣を表層的になぞるだけでは意味がありません。そもそも世の中の見方を変えることや、常に別の視点から物事を考えることが大事なのです。

事例で確認

7つの習慣の研修は日本でも多くの企業が導入しているとのことですが、その代表的な声として、以下のような効果が見られたということです。

・難しい仕事にチャレンジするようになった
・言い訳をしなくなった
・コミュニケーションが活性化した

経営環境が激変する現在、最終的に組織や戦略の鍵を握る人間を変えようというアプローチが、多くの企業で受け入れられているのです。

7つの習慣 No.44

図表44-2 習慣にするには

（効果的な習慣は原則と行動パターンによって形成される）

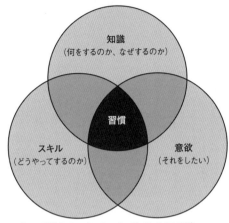

出典:『7つの習慣』(スティーブン・R・コヴィー著、キングベアー出版)

コツ・留意点

1 「7つの習慣」は書籍もセミナーも良く練られているため、読んだ後や受講後は気分が高揚し「やってみるかな」という気持ちになるものです。ただし、これは自己啓発もの全般に言えることですが、どれだけ優れたエッセンスを学んでも、それを現場で継続的に実践していかないと、結局は元の状態に戻るのがオチです。「7つの習慣」では、習慣を、知識、スキル、意欲の交わるものとしています（図表44-2）。言い換えれば、7つの習慣を真に習慣にするためには、知識、スキル、意欲の3つをすべて機能させ続ける不断の心がけが必要となってくるのです。

2 「7つの習慣」に対する批判として、結局すべてのうまくいかない事柄の原因や、いろいろな仕事の責任を個人に帰するものとすることで、経営者が楽をする、悪く言えば、従業員のモチベーションの搾取をする道具にしやすいということが指摘されています。従業員側の人間としては、そうならないためにも、自分の頭でしっかり考え抜くこと、つまり、まさに第1の習慣である「主体的である」を高い視座から考える必要があるのです。

45 ストーリー思考

未来の自分を思い描き、それを実現するためのストーリーを作ることでその実現可能性を高めようという思考法。

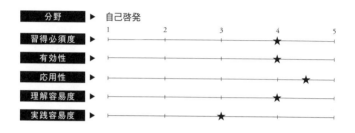

| 分野 | ▶ | 自己啓発 |

項目	評価（1〜5）
習得必須度	★ 4
有効性	★ 4
応用性	★ 4.5
理解容易度	★ 4
実践容易度	★ 3

基礎を学ぶ

活用すべき場面

- 成功者としての人生を送る
- 自分自身について深く知る

考え方

ストーリー思考はさまざまな場面で使われる言葉であり、問題解決や戦略立案・実行などの分野でも用いられます。ただし、ここでは主に自己啓発、キャリアデザイン領域におけるストーリー思考をご紹介します。

その場合のストーリー思考とは、端的に言えば、冒頭にも示したように未来のありたい（なりたい）姿を描き、それに向けてのストーリーを描くという手法です。

これについてはいくつかのバリエーションがさまざまな人々によって提唱されています。

古くは自己啓発系書籍の代表とも言えるナポレオン・ヒルの『思

ストーリー思考 No.45

図表45-1 ストーリー思考のイメージ

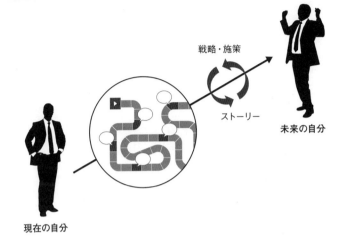

考は現実化する』に示された、①具体化する、②代償を決める、③最終期限を決める、④計画を立てる、⑤紙に書きだす、⑥宣言するという6つの手順（6箇条）も、ストーリー思考の先駆けとみなすこともできるでしょう。それだけ、未来に向けてのストーリーを描くという手法は自己実現する上で有効と考えられているのです。

ところで、なぜストーリー（物語）なのでしょうか？ ストーリーの効用についてはすでに多くのことが紹介され、また、経営戦略、マーケティング、リーダーシップなど、さまざまな分野に及んでいます。ここで改めてそれを振り返っておきましょう。ストーリーの代表的な効用については以下のものがあります。

- 具体的にイメージしやすい
- 因果関係などが分かりやすい
- 記憶に残りやすい
- ワクワク感を持ちやすい（感情に働きかけやすい、共感を得やすい）

- 他人にも説明しやすい

こうした効用があるからこそ、自分の「人生戦略」にもストーリーが有効となるのです。

ストーリー思考にも先述したようにいくつかのバリエーションがあるため、それらをすべてご紹介することはできませんが、重要なエッセンスをいくつか挙げるとすると以下のようになるでしょう。

- 単に荒唐無稽なストーリーを描くのではなく、極力それを実現するための戦略や施策を同時並行的に考える（整合性を意識する）
- 他者の力も借りられるように、自分にとってもそれ以外の人間にとってもワクワクできるようなストーリーを描く
- 鍵となるマイルストーンやイベントを盛り込むことで達成度を測定したり、軌道修正を行えるようにする
- 実際に紙やPCに書き出す（頭の中だけの空想に終わらせない）。可能ならば極力イラストなどで図示化する（紙芝居のようなものを作る）

事例で確認

図表45-2は、英語力を伸ばしたいと考えているビジネスパーソンのストーリーの一部を示したものです（ストーリー思考はもっと長期でのキャリアデザインに応用することが多いのですが、ここでは事例紹介という便宜上、短期の事例を用いました）。

目標は「3年後に不自由なく英会話ができるようになる」ということであり、そのための最初のマイルストーンである1年後の状態や、具体的なアクションが示されています。

ポイントは、本文中にも示したように、ワクワクしやすいことです。そうすることで、楽しみながら自分の理想とする姿に向かって進みつつ、他者からの支援を得ることも比較的容易になるのです。

ストーリー思考 No.45

図表45-2 ストーリー例

Nice to meet you!
Hi!

施策
・オンラインの英会話教室を利用する
・海外旅行で使ってみる
・社内の外国人とどんどん喋る
・六本木で英語で喋りかけてみる

・通勤時間の半分は英語のリスニングと単語の勉強
・字幕映画を毎週2回は見る
・参考書を6冊は読む

現在の自分

1年後の自分
TOEIC800点超え、ブロークンレベルで日常会話ができる

ストーリー

「オンライン英会話教室の先生と仲良くなりたいな。そしたら一度現地に旅行に行って一緒に遊べないか聞いてみよう。……まずは下手でも喋ることだから、社内のみんなにも協力してほしいな。私も日本語を教えるよ。……ある程度自信がついたら六本木の外国人と友達になってさらに英語を磨こうと思うんだ。友達ができたらまた英語がうまくなるよね……。できれば彼氏／彼女も作れれば最高だね」

コツ・留意点

1 ストーリー思考では、ストーリーを描いたら、ちょっとしたことからでもいいので極力早くそのストーリー実現に取り組むことが推奨されます。人間は往々にして怠け者であり、物事を先送りにする性向があるからです。逆に言えば、最初の取り掛かりとなるスタートのイベントは、実現しやすいものとすることが有効と言えます。ストーリーに早く取り組むべきもう1つの理由は、昨今の環境変化の速さです。その人が置かれた環境にもよりますが、ストーリーを1年間寝かせてしまうと全く使い物にならなくなる可能性もあるという点は意識したいところです。

2 ストーリー思考に限らず、自己啓発系思考法（例：ナポレオン・ヒル）の弱点として、多くが成功者の事例をベースにしているため、成功者バイアス（成功者と失敗者の対比になっていないため効果が分かりにくい）や後知恵バイアス（結果からそれまでの目立った行動に意味づけをするため、何が本当に効いたのかが分かりにくい）が入ってしまうことがあります。何事も「魔法の杖」ではないことは理解しておきたいものです。

おわりに

　45個の思考法を読み終えられてどのような感想を抱かれたでしょうか。比較的すぐ使えそうなものがある一方で、自分には難しいものが多いと感じられた方が多いのではないでしょうか。

　筆者自身、思考法という分野について言えば、得手不得手もあれば、好き嫌いもあります。そこに知識だけにとどまらない思考法というテーマの難しさがあるとも言えるでしょう。

　必然的に、すべてを実行してくださいとお願いすることもできません。中にはメンタリティ的に相反する組み合わせもありますし（例：要素還元的な思考法と全体思考）、一気にすべてをマスターしようとしても、フレームワークや分析法とは異なり、1つ1つの習得にはやはり時間がかかるからです。

　ただ、はじめにでも述べたように、役に立つ思考の型や思考法があることを知らないで生産性を上げることができないとしたら、それはもったいないことです。

　どこまで実践できるかはさておき、まずはさまざまな思考法があることをご理解いただけただけでも本書を手に取っていただいた価値はあると思います。自分自身を振り返りながら、「まずはここを鍛えなければ」というものを探し、取り掛かるヒントにしていただければ幸いです。

　本書を書きたいと考えたきっかけは、本シリーズに共通することですが、こうした思考法を網羅的かつコンパクトに紹介した類書が

ほとんどないという事情があったことです。少なくとも、筆者がイメージするような書籍は存在しませんでした。

　本シリーズの別の書籍にも書いたことですが、「世の中にそうした本がないのなら、自分で書いてしまえ」というのがグロービスのポリシーです。その中で、実際に本書を書く機会を得られたことは非常に幸運でした。評価については読者諸氏に委ねるしかありませんが、これは面白かった、役に立つと思っていただけたら幸いです。

　さて、本書は正しく使えば必ず能力開発や意識改革のお役に立つはずですが、この分野は他の領域に比べても奥行きの深い世界です。さらに学習されたい方は、実際に経営大学院をはじめとする大学院で学ばれるのもいいでしょう。

　グロービスでは、本書で紹介したすべての思考法を詳細に教えているわけではありませんが、特に1章で紹介した思考法などに関しては、国内でもトップクラスと高く評価されています。

　2年間の経営大学院のみならず、アラカルト方式のクラスや、オンラインでの学習の機会、あるいはグロービス知見録（www.globis.jp）といった学びのWEBサイトやアプリも用意しています。ぜひそうした学びの機会も積極的に活用いただければと思います。

　多くの人が本書を手に取られ、ビジネスリーダーへの飛躍の一助にしていただけることを願っています。

グロービス出版局長、グロービス経営大学院教授
嶋田　毅

参考文献

全般

グロービス経営大学院編著、『グロービス MBA クリティカル・シンキング改定3版』、ダイヤモンド社、2012年

グロービス著、嶋田毅執筆、『グロービス MBA キーワード　図解 基本フレームワーク 50』ダイヤモンド社、2015年

グロービス著、嶋田毅執筆、『グロービス MBA キーワード　図解 ビジネスの基礎知識 50』ダイヤモンド社、2016年

グロービス著、嶋田毅執筆、『グロービス MBA キーワード　図解 基本分析ツール 50』ダイヤモンド社、2016年

1 章

バーバラ・ミント著、山崎康司訳、グロービス・マネジメント・インスティテュート監修、『新版　考える技術・書く技術』、ダイヤモンド社、1999年

E.B. ゼックミスタ著、J.E. ジョンソン著、宮元博章訳、道田泰司訳、谷口高士訳、菊池聡訳、『クリティカルシンキング（入門篇）』、北大路書房、1996年

E.B. ゼックミスタ著、J.E. ジョンソン著、宮元博章訳、道田泰司訳、谷口高士訳、菊池聡訳、『クリティカルシンキング・実践篇』、北大路書房、1997年

生方正也、「メタ思考」グロービス・マネジメント・レビュー、2002年冬号

森岡毅著、今西聖貴著、『確率思考の戦略論 USJ でも実証された数学マーケティングの力』、KADOKAWA/ 角川書店、2016年

グロービス著、鈴木健一執筆、『定量分析の教科書』、東洋経済新報社、2016年

グロービスケース、「クロネコヤマト宅急便（A）」、2002年

2 章

グロービス著、嶋田毅執筆、『ビジネス仮説力の磨き方』、ダイヤモンド社、2007年

内田和成著、『仮説思考 BCG 流 問題発見・解決の発想法』、東洋経済新報社、2006 年

齋藤嘉則著、『新版 問題解決プロフェッショナル―思考と技術』、ダイヤモンド社、2010 年

内田和成著、『論点思考』、東洋経済新報社、2010 年

安宅和人著、『イシューからはじめよ―知的生産の「シンプルな本質」』、英治出版、2010 年

平井孝志著、『本質思考：MIT 式課題設定 & 問題解決』、東洋経済新報社、2015 年

ドネラ・H・メドウズ著、小田理一郎訳、枝廣淳子訳、『世界はシステムで動く―いま起きていることの本質をつかむ考え方』、英治出版、2015 年

ピーター・M・センゲ著、守部信之訳、『最強組織の法則―新時代のチームワークとは何か』、徳間書店、1995 年

3 章

ゲイリー・ハメル著、鈴木主税訳、福嶋俊造訳、『リーディング・ザ・レボリューション』、日本経済新聞社、2001 年

山本真司著、『実力派たちの成長戦略』、PHP 研究所、2015 年

4 章

エリック・シュミット著、ジョナサン・ローゼンバーグ著、アラン・イーグル著、ラリー・ペイジ著、土方奈美訳、『How Google Works』、日本経済新聞出版社、2014 年

エドワード・デボノ著、藤島みさ子訳、『水平思考の世界』、きこ書房、2015 年

山梨広一著、『プロヴォカティブ・シンキング 面白がる思考』、東洋経済新報社、2011 年

森達也著、『視点をずらす思考術』、講談社、2008 年

グロービス経営大学院著、『新版　グロービス MBA ビジネスプラン』、ダイヤモンド社、2010 年

ティム・ブラウン著、千葉敏生訳、『デザイン思考が世界を変える』、早川書房、2014 年

奥出直人著、『デザイン思考と経営戦略』、エヌティティ出版、2012 年

マリア・ジュディース著、クリストファー・アイアランド著、坂東智子訳、『CEOからDEOへ―「デザインするリーダー」になる方法』、ビー・エヌ・エヌ新社、2014年

5章

グロービス・マネジメント・インスティテュート編、鈴木一功監修、『MBAゲーム理論』、ダイヤモンド社、1999年

アビナッシュ・ディキシット著、バリー・ネイルバフ著、菅野隆訳、嶋津祐一訳、『戦略的思考とは何か―エール大学式「ゲーム理論」の発想法』、CCCメディアハウス、1991年

グロービス経営大学院編著、『グロービスMBA事業開発マネジメント』、ダイヤモンド社、2010年

マーク・ジョンソン著、池村千秋訳、『ホワイトスペース戦略』、CCCメディアハウス、2011年

マーク・W・ジョンソン、クレイトン・M・クリステンセン、ヘニング・カガーマン、「ビジネスモデル・イノベーションの原則」、ダイヤモンド・ハーバード・ビジネス・レビュー、2009年4月号

楠木建著、『ストーリーとしての競争戦略 ―優れた戦略の条件』、東洋経済新報社、2010年

グロービス著、嶋田毅執筆、『利益思考』、東洋経済新報社、2010年

グロービス著、佐藤剛執筆、『チーム思考』、東洋経済新報社、2012年

スティーブン・デスーザ著、ダイアナ・レナー著、上原裕美子訳、『「無知」の技法 Not Knowing』、日本実業出版社、2015年

6章

「世界の歴史」編集委員会編、『もういちど読む山川世界史』、山川出版社、2009年

7章

スティーブン・R.コヴィー著、ジェームス・スキナー訳、西茂訳、『7つの習慣―成功には原則があった!』、キングベアー出版、1996年

スティーブン・R. コヴィー著、フランクリンコヴィージャパン訳、『完訳 7つの習慣―人格主義の回復』、キングベアー出版、2016年

ナポレオン・ヒル著、田中孝顕訳、『思考は現実化する〈上〉〈下〉』、きこ書房、2014年

神田昌典著、『ストーリー思考――「フューチャーマッピング」で隠れた才能が目覚める』、ダイヤモンド社、2014年

小山竜央著、『ストーリー思考で奇跡が起きる〜1％の成功者だけが知っている「人生の脚本」の作り方』、大和書房、2015年

著者略歴

グロービス

1992年の設立以来、「経営に関する『ヒト』『カネ』『チエ』の生態系を創り、社会の創造と変革を行う」ことをビジョンに掲げ、各種事業を展開している。

グロービスには以下の事業がある。(http://www.globis.co.jp/)
- ●グロービス経営大学院
  ・日本語（東京・大阪・名古屋・仙台・福岡・オンライン）
  ・英語（東京、オンライン）
- ●グロービス・マネジメント・スクール
- ●グロービス・コーポレート・エデュケーション
  （法人向け人材育成サービス／日本・上海・シンガポール・タイ）
- ●グロービス・キャピタル・パートナーズ（ベンチャーキャピタル事業）
- ●グロービス出版（出版／電子出版事業）
- ●「GLOBIS知見録」（ビジネスを面白くするナレッジライブラリ）

その他の事業：
- ●一般社団法人G1（カンファレンス運営）
- ●一般財団法人KIBOW（震災復興支援活動）

執筆者略歴

嶋田 毅（しまだ・つよし）

　グロービス電子出版編集長兼発行人、グロービス出版局長、GLOBIS知見録編集顧問、グロービス経営大学院教授。

　東京大学理学部卒業、同大学院理学系研究科修士課程修了。戦略系コンサルティングファーム、外資系メーカーを経てグロービスに入社。累計150万部を超えるベストセラー「グロービスMBAシリーズ」のプロデューサーも務める。著書に『グロービスMBAキーワード　図解 基本フレームワーク50』『グロービスMBAキーワード 図解 ビジネスの基礎知識50』『グロービスMBAキーワード　図解 基本ビジネス分析ツール50』『ビジネス仮説力の磨き方』『グロービスMBAビジネス・ライティング』（以上ダイヤモンド社）、『ビジネスで騙されないための論理思考』『競争優位としての経営理念』『[実況] ロジカルシンキング教室』『[実況] アカウンティング教室』（以上PHP研究所）、『MBA 100の基本』『利益思考』（以上東洋経済新報社）、『ロジカルシンキングの落とし穴』『バイアス』『KSFとは』（以上グロービス電子出版）、共著書に『グロービスMBAマネジメント・ブック』『グロービスMBAマネジメント・ブックII』『グロービスMBAアカウンティング』『グロービスMBAマーケティング』『グロービスMBAクリティカル・シンキング』『グロービスMBAクリティカル・シンキング コミュニケーション編』『MBA定量分析と意思決定』『グロービスMBA組織と人材マネジメント』『グロービスMBAビジネスプラン』『ストーリーで学ぶマーケティングの基本』（以上ダイヤモンド社）、『ケースで学ぶ起業戦略』『ベンチャー経営革命』（以上日経BP社）など。その他にも多数の共著書、共訳書がある。

　グロービス経営大学院や企業研修において経営戦略、マーケティング、ビジネスプラン、管理会計、自社課題などの講師を務める。グロービスのナレッジライブラリ「GLOBIS知見録」に定期的にコラムを連載するとともに講演なども行っている。

グロービスMBAキーワード
図解　基本ビジネス思考法45

2017年2月9日　第1刷発行

著　者——グロービス
発行所——ダイヤモンド社
　　　　〒150-8409　東京都渋谷区神宮前6-12-17
　　　　http://www.diamond.co.jp/
　　　　電話／03・5778・7232（編集）　03・5778・7240（販売）
装丁————デザインワークショップジン
本文デザイン—岸 和泉
製作進行——ダイヤモンド・グラフィック社
印刷————加藤文明社
製本————本間製本
編集担当——山下 覚

©2017 グロービス
ISBN 978-4-478-10092-9
落丁・乱丁本はお手数ですが小社営業局宛にお送りください。送料小社負担にてお取替えいたします。但し、古書店で購入されたものについてはお取替えできません。
無断転載・複製を禁ず
Printed in Japan

◆ダイヤモンド社の本◆

MBAで必須の思考ツールはこれだけ！

経営学者やコンサルタントなどが問題解決、クリティカルシンキング、戦略立案、マーケティング…などのビジネスシーンで活用している50のフレームワークを100の図表で解説。説得力ある主張をするのに役立つ思考の武器としてのフレームワークの基本と活用法を徹底図解。

グロービス MBA キーワード

図解 基本フレームワーク50

グロービス [著] 嶋田毅 [執筆]

●四六変並製●定価（本体1,500円＋税）

http://www.diamond.co.jp/